Mordsmäßig unterwegs

Die Schauplätze dieses Romans sind reale Orte, wie Duderstadt, Gieboldehausen und Herzberg. Die Handlung und die Charaktere hingegen sind frei erfunden. Etwaige Ähnlichkeiten mit lebenden und toten Personen wären reiner Zufall und sind nicht beabsichtigt.

BARBARA MERTEN

Mordsmäßig unterwegs

EIN KRIMI AUS DEM HARZVORLAND

mit ausgewählten Rad- und Wandertouren
rund um die »Tatorte«

Bibliografische Information der Deutschen Nationalbibliothek
Die Deutsche Nationalbibliothek verzeichnet diese Publikation in der Deutschen
Nationalbibliografie; detaillierte bibliografische Daten sind im Internet über
http://dnb.d-nb.de abrufbar.

Mordsmäßig unterwegs

ISBN 978-3-947167-92-0

1. Aufl. 07/2020

Dieser Titel ist auch als eBook erhältlich
in den Formaten ePub und MobiPocket (Kindle).

© 2020 by Barbara Merten

Abbildungsnachweise:
Umschlag (Front, Schuhe) © YAYImages | #260507516 | depositphotos.com
Umschlag (Front/Rückseite, Landschaft) © Karl-Josef Merten
Abbildung S. 149 © ngupakarti | #362213808 | depositphotos.com
Fotos S. 173/174 © Karl-Josef Merten
Porträt der Autorin © Ania Schulz | as-fotografie.de

Hinweise zum Kartenmaterial:
Die Kartenausschnitte für die Touren auf den Seiten 152, 155, 159, 164 und 168
wurden mit Datenmaterial von OpenStreetMap erstellt.
Weitere Informationen: http://www.openstreetmap.org/
Lizensiert unter ODbL: http://opendatacommons.org/licenses/odbl/

Lektorat:
Sascha Exner

Druck:
WIRmachenDRUCK GmbH, Backnang

Verlag:
EPV Elektronik-Praktiker-Verlagsgesellschaft mbH
Obertorstr. 33 · 37115 Duderstadt · Deutschland
Fon: +49 (0)5527/8405-0 · Fax: +49 (0)5527/8405-21
Web: harzkrimis.de · E-Mail: mail@harzkrimis.de

Besser auf neuen Wegen etwas stolpern,
als auf alten Pfaden auf der Stelle treten.
– Weisheit aus China –

Kapitel 1

Donnerstag, 4. Juli, am frühen Morgen

Die Blätter der Buchen wogten leise rauschend im Morgen-
wind. Reingewaschen vom nächtlichen Gewitterguss präsen-
tierte sich der Wald nun wieder einladend frisch, erdig duf-
tend. Es schien, als wolle er die jungen Leute, die für eine
Woche das Hüttendorf im Waldpädagogikzentrum Rotenberg
bewohnten, nach den heißen, trockenen und staubigen Tagen
wieder versöhnen. Mit hellem Schein flutete die Sonne die
Räume der Holzhäuser, kitzelte an den Nasen der Schlafenden.
Widerwillig schienen die Jungen und Mädchen ihre Augen zu
öffnen. Es war spät geworden gestern Abend.

Fabian war einer von denen, die Gefallen gefunden hatten
an diesem einfachen, kargen Leben hier draußen, ohne Fernsehen, Computer und Handygedaddel, dafür frische Luft und
körperliche Arbeit. Noch letzte Woche hätte er es nicht für
möglich gehalten. Er war sich sicher gewesen, dass sein Platz
im Leben eindeutig in der Zivilisation war. In den letzten
Tagen aber hatte sich sein Bild vom zukünftigen Leben grund-
legend geändert. War es der Waldpädagoge und Leiter des
Lagers, Jan-Hendrik Huber, der ihn so beeindruckt hatte? Ein
überaus sportlich durchtrainierter, gut aussehender Mann um
die vierzig. Er verstand es, die Kids so zu nehmen, wie sie halt
sind mit sechzehn: null Bock auf alles, was andere von ihnen
erwarten; dafür rumhängen, Musik hören, chatten. Am Montag bei ihrer Ankunft waren sie noch muffelig aus dem Bus
gestiegen, weil niemand von ihnen Lust auf Natur hatte. In
Null-Komma-Nix hatte Huber sie mit seiner Ausstrahlung um

den Finger gewickelt. Die Mädchen himmelten ihn an, während die Jungen bei der Arbeit im Wald um seine Gunst buhlten. Ganz besonders Fabian, der in sich etwas aufkeimen spürte.

»Aufstehen! In einer halben Stunde will ich Frühstück!« Zur Bekräftigung schlug Thomas Stakenbrück, der Klassenlehrer der 10 a des Felix-Klein-Gymnasiums aus Göttingen, kräftig die Glocke am Küchengebäude. Als Biolehrer hatte er die Fahrt organisiert und die Projektwoche mit Huber ausgearbeitet. Die beiden kannten sich vom BUND aus Göttingen. Den Schülerinnen und Schülern lebensnah die Zusammenhänge zwischen Mensch und Natur zu verdeutlichen, war ihnen gleichermaßen wichtig. Stakenbrück war der Überzeugung, dass gerade die Jugendlichen in der Abgeschiedenheit am ehesten zu sich selbst finden und so ungeahnte Entwicklungen möglich sind. Außerdem fühlten sie sich als einsame Kämpfer für die stark bedrohte Natur durch den Menschen. Beide sahen in ihren Berufen eine Berufung.

»Guten Morgen Thomas! Bist ja schon munter«, säuselte Betty Kleinschmitt aus dem Waschraum kommend ihrem Kollegen zu. Sie hatte als Referendarin die weibliche Begleitung der Klasse übernommen. Nur mit einem Handtuch bekleidet, schüttelte sie ihre lockig wallende, schwarze Mähne im Wind. Wegen ihrer zierlichen Statur hätte man sie für eine der Schülerinnen halten können. Aber die Kids hatten Respekt vor ihr. Sie konnte sich durchsetzen, war ehrgeizig, mit hohem Anspruch fordernd. Und verdammt hübsch. Die Mädchen waren sich unsicher, wussten nicht, was sie von ihr halten sollten. Einmal gab sie sich als Freundin, dann wieder als strenge Lehrerin. Und weil die Jungen nur noch Augen für ›Betty‹ hatten, heizte das ihre Abneigung täglich weiter an.

»Einfach lächerlich, wie die sich anbiedern«, zischelten die Mädchen.

Für die Jungen war die Referendarin eine Traumfrau im wahrsten Sinne des Wortes. Besonders Steffen, der mit seiner bunten Zahnspange und dem pickeligen Gesicht bei den Mädchen eher Mitleid auslöste, war in Betty Kleinschmitt total verschossen, träumte nachts von ihr. Seine Schwärmerei ging so weit, dass er, der totale Loser im Denken, plötzlich zum Streber mutierte und ihr förmlich an den Lippen hing. Hier im Lager wich er nicht von ihrer Seite, verwöhnte sie hinten und vorn.

Betty selbst aber hatte ein Auge auf ihren Kollegen Thomas geworfen, der sie in der Referendarzeit betreute. Thomas war zwar verheiratet und gut fünfzehn Jahre älter, aber was machte das schon. Sein jugendlich spritziger Gang und seine tiefblauen Augen ließen ihr Herz höher schlagen. Genau wie jetzt. Sie dachte an den gestrigen Abend am Lagerfeuer. Er hatte neben ihr gesessen, Gitarre gespielt und verdammt gut dazu gesungen. Es war eigentlich nicht ihre Musik, aber hier draußen war es genau das. Sie schmolz dahin, als sie ihn nun auf sich zukommen sah. Noch zwei Tage hatte sie Zeit. Sie musste es schaffen, ihn endlich rumzukriegen. Hier musste es passieren. In der Schule hatte sie keine Chance. So zog sie alle weiblichen Register, ließ das Handtuch ein wenig tiefer rutschen. Sie wollte ihm gerade die Hand auf den Arm legen und ihm einen Guten-Morgen-Kuss auf die Wange hauchen, da stand, wie aus dem Nichts, Mandy hinter ihnen.

»Entschuldigung!«

Ganz aus der Fassung trat Betty zur Seite.

»Upps!« *Wo ist die so schnell hergekommen? Hat die uns beobachtet?*, schoss es ihr durch den Kopf.

»Ähm. Ich wollte wirklich nicht stören. Ehrlich.« Mandy schaute die Referendarin keck an.

Die hat's gemerkt. Schitt, dachte Betty ärgerlich und presste die Lippen aufeinander.

»Josi ist weg. Ich hab schon überall gesucht. Wie vom Erdboden verschwunden.« Mandy schien echt besorgt.

»Wie – weg?«, schaltete sich Thomas ein. »Ihr seid doch zu viert im Zimmer. Die löst sich doch nicht einfach auf. Vielleicht ist sie nur auf die Toilette gegangen.«

»Nein, da war ich schon, auch im Waschraum.«

Mit krauser Stirn beäugte der Lehrer das Mädchen skeptisch. Sie schien es ernst zu meinen, machte sich Sorgen um die Freundin. Zielstrebig ging er auf die Hütte der Mädchen zu. Sie hatten sich in der ›Hasen-Sasse‹ eingenistet. Er klopfte, öffnete die Tür und schaute sich im Zimmer um. Alina bürstete Lilly, die am Tisch auf einem Stuhl saß, gerade die Haare.

»Ist Josi hier?«

»Nein. Wir wissen auch nicht, wo sie ist. Mandy hat schon überall gesucht.«

»Wann habt ihr sie zuletzt gesehen?«

»Ähm, gestern Abend am Lagerfeuer. Sie war so komisch und ist schon vor uns ins Bett gegangen. Als wir kamen, schlief sie. Und heute Morgen, als wir wach wurden, war sie nicht mehr da.«

Lilly und Alina wechselten einen Blick, den Stakenbrück sofort wahrnahm.

»Habt ihr mir noch was zu sagen? Los, raus mit der Sprache.«

»Ähm«, begann Lilly und schabte mit dem Fuß verlegen am Boden. »Ich will ja nicht petzen, aber ...«

»Na sag schon. Das ist kein Petzen.«

»Ich glaube, Josi hat gestern Abend mit Dirk Schluss gemacht. Ich hab gehört, wie sie zu ihm gesagt hat, dass er mit der blöden Anmache aufhören soll. Sie hasse Männer. Und außerdem stehe er ja eh auf Frau Kleinschmitt und sie auf ihn. Das sähe doch ein Blinder.«

»Nochmal. Du meinst, Dirk und Frau Kleinschmitt??? Hab ich da was übersehen?«

Stakenbrück schaute nach draußen zu seiner Kollegin, fixierte sie mit bösem Blick.

»Nein, also, der hat nichts mit Frau Kleinschmitt. Das nicht. Sie kennen doch Josi. Die übertreibt gern. Aber die Jungs sind total durch den Wind, wenn Frau Kleinschmitt da ist«, erklärte Alina schnell. Mandy und Lilly nickten verstohlen.

»Aha. Aber Josi und Dirk waren doch schon lange zusammen, oder? Ich hatte das Gefühl, dass sie sich wirklich mögen.«

Die Mädels zuckten die Achseln. Stakenbrück wandte sich um und lief an Betty Kleinschmitt vorbei in den ›Bussard-Horst‹, in dem Dirk mit seinen Freunden hauste. Ohne anzuklopfen riss er die Tür auf.

»Dirk? Aufwachen!« Er zog dem Schüler die Decke vom Körper. »Weißt du, wo Josi ist?«

Erschrocken und verschlafen setzte sich Dirk im Bett auf, wuschelte seine Haare.

»Häh?« Er rieb sich die Augen. »Josi? Wo soll die denn sein? Was weiß ich? In der ›Hasen-Sasse‹, wo sonst?«

Sein verständnisloser Blick wanderte durch den Raum zu den Freunden und blieb dann wieder am Lehrer hängen. Fabian und Steffen setzen sich ebenfalls auf.

»Was ist denn los?«

»Raus aus dem Bett! Josi ist verschwunden. Wisst ihr was darüber?«, drängte Stakenbrück ungehalten.

Schlaftrunken schüttelten beide den Kopf.

»Weiber. Immer machen die Stress«, stöhnte Fabian.

»Kommt in die Hufe! Wir müssen sie suchen.« Gereizt lief der Lehrer nach draußen. »Und Sie ziehen sich endlich was an!«, rief er seiner Kollegin nicht gerade freundlich zu.

Das war's, dachte Betty sauer, trat vor einen Kieselstein und ging zähneknirschend zu ihrer Hütte.

Vor dem Haus des Jugendwaldleiters hielt Thomas inne.

»Huber?« Er lief ums Haus. Alles war noch verschlossen. »Wieso ist der noch nicht da?«, wunderte sich Thomas und schaute auf die Uhr. »Gleich acht.« Unschlüssig lief er die zweihundert Meter zur Waldstraße, die aus Richtung Pöhlde kommend zum Golfplatz Rotenberger Haus führt, um nach dem Lagerleiter Ausschau zu halten. Zwischendurch blickte er zurück zu den Hütten, in der Hoffnung, dass Josi irgendwo auftauchte. Die Kids wuselten umher, suchten und riefen nach ihrer Klassenkameradin.

Thomas raufte sich die Haare. »Das kann doch alles nicht wahr sein. Scheiß Pubertätspickel! Schwieriger zu hüten als ein Sack Flöhe!«

Nervös schaute er die Straße hinunter. Aus Richtung Pöhlde müsste Huber kommen. Dort wohnte er. Ob Josefine bei ihm war? Hatte er vielleicht mit ihr angebändelt? Er sah gut aus, war nicht verheiratet und soviel Thomas wusste, hatte er auch keine Freundin. Vielleicht stand er auf ganz junge Mädchen. Bei dem Gedanken wurde ihm mulmig. Er käme in Teufelsküche, wenn die aufkeimenden Gedanken auch nur annähernd der Wahrheit entsprachen. Kannte er Jan-Hendrik überhaupt? Die beiden verband ein kumpelhaftes Arbeitsverhältnis, was unter Ökofreaks durchaus üblich war, aber in diesem Fall nicht darüber hinausging.

»Warum ruf ich ihn nicht an? Mensch bin ich vernagelt«, schalt er sich und zog sein Handy aus der Hosentasche. Er scrollte gerade nach der Nummer, als er Motorengeräusche aus der anderen Richtung durch den Wald heranbrausen hörte. Schnell lief er den Weg zurück. An der Wegbiegung, die hinunter zu den Teichen führt, konnte er gerade noch durch einen Sprung in den Graben dem Landrover ausweichen, der mit hoher Geschwindigkeit an ihm vorbeiraste. Umhüllt von einer Staubwolke krabbelte Thomas schnaubend und wütend aus der Versenkung.

»Bist du wahnsinnig?«, schrie er hinter dem Wagen her.

Vor der Kantine stoppte der Rover abrupt, der Motor verstummte. Die Autotür flog auf. Huber stieg aus.

»Moin, moin!«, rief er fröhlich in die Runde. »Seid ihr schon verhungert? Sorry, ich hab verschlafen. Dafür hab ich euch leckere Brötchen mitgebracht.« Erwartungsvoll blickte er in die Runde. »Was ist denn mit euch los? Hattet ihr solche Sehnsucht nach mir?«, fragte er den Mädchen zublinzelnd.

Ein guter Tag fängt morgens an.
– Deutsches Sprichwort –

Kapitel 2

Kriminalhauptkommissar Schneider vom Duderstädter Polizeirevier saß schmatzend auf der Bank vor der Franziskuskapelle. Er war von Duderstadt aus durch den Leeren zum Gut Herbigshagen, dem Erlebniszentrum der Heinz Sielmann Stiftung, geradelt. Den letzten steilen Anstieg zur Kapelle hatte er sein Rad geschoben. Hier oben, am Grab des Naturfilmers, saß er, um innezuhalten. An dem wundervollen Ausblick, den das Ehepaar Sielmann bei ihrer Film-Tour ›Im Schatten der Grenze‹ entdeckt hatte, erfreuten sich nun auch wieder viele Duderstädter. »Es müssen erst Fremde kommen und uns sagen, wie schön es bei uns ist«, sagen sie und sind dem Ehepaar überaus dankbar.

Genüsslich biss Schneider in ein Mettwurstbrot und schaute über sein geliebtes Eichsfeld. Von hier oben hat man den besten Blick, fand er. Aus der Ferne sah alles friedlich aus. Dass es nicht so war, wusste er genau. Und es war gut so. Nur heile Welt würde ihn schließlich arbeitslos machen. Er grinste in sich hinein. *Wenn man hinter die Kulissen guckt, hat so manch braver Bürger da unten eine Leiche in seinem Keller vergraben.*

Aber heute war sein freier Tag. Überstunden abbummeln. Weg von diesen kleinen nervigen Diebstählen, Streitereien, jugendlichen Kiffern. Alles keine Fälle, die ihn herausforderten, nur irrsinnigen Schreibkram nach sich zogen. Heute wollte er nur das Schöne sehen, und seine ›Burg‹, wie er sein kleines Häuschen im Wulfertal mit dem neu eingedeckten Ziegeldach nannte, aus der Ferne betrachten. So hatte es ihm sein Arzt geraten, denn seit ein paar Wochen war er wegen Schlafproblemen in Behandlung. Auch sein Herz machte ihm

Beschwerden. Es schlug nicht immer im gleichen Takt. Mal raste es, dann schwitzte er furchtbar. Ein andermal konnte er seine Hände nicht ruhig halten.

»Ruhe und Entspannung, das fehlt Ihnen, mein Lieber. Sie müssen immer auch ein paar Pausen, in denen Sie abschalten können, dazwischenschieben, sonst läuft es letztendlich auf einen Burnout hinaus. So viel Morde gibt's doch hier im Eichsfeld nicht, oder? Also gönnen Sie sich Auszeiten, dann sind Sie auch bald wieder der Alte.«

Der Doktor hatte ihm auf die Knie geklopft und mit ein paar Baldriantabletten nachhause geschickt. Nun versuchte er, sich an den guten Rat zu halten.

›Der Alte‹ von Dudeltown, ja das wär´s! Hmpf.

Er dachte an zuhause, seine Mathilde, wie sie ihm immer öfter mit ihrer gluckenhaften Art auf den Geist ging. Manchmal glaubte er, dass sie die Ursache für seine Herzattacken war. Oder war es doch die Arbeit auf dem Kommissariat?

Heute Morgen am Frühstückstisch hatte es wieder angefangen. Er hatte seinen Toast gegessen, die Zeitung genommen und sich zum Lesen gemütlich hingesetzt. Da keifte Mathilde: »Also Christian! Halte deine Hände doch mal ruhig. Sie zittern schon wieder wie ein Lämmerschwanz. Du machst mich ganz kirre damit. Die ganze Zeitung wackelt ja. Mensch, bist du ein nervöses Hemd!«

Das war nicht unbedingt hilfreich gewesen, denn je mehr er nun versuchte, seine Hände ruhig zu halten, umso mehr zitterten sie.

»Ich brauche einfach mehr Zeit für mich. Zeit und Ruhe, ohne deine ständigen Kommentare. Hmpf, hmpf.«

Ärgerlich hatte er die Zeitung zusammengefaltet, sie auf den Kühlschrank gelegt, war ins Bad gegangen und hatte sich aufs Klo gesetzt. Er atmete tief ein und aus und sog dann mit einem kräftigen »Hmpff« Luft in die Nase.

»Ruhe – Mathilde, Mathilde. Manchmal machst du mich ganz schön fertig. Dreißig Jahre sind wir nun verheiratet, kennen uns in- und auswendig. Und trotzdem schaffst du es immer wieder, mich zur Weißglut zu bringen«, murmelte er in sich hinein.

Diese Unart, noch tiefer in eine Wunde zu schlagen und ihn mit Worten zum Wahnsinn zu treiben, schien sich bei Mathilde in letzter Zeit unmäßig zu steigern. Seit Karsten und Moni, ihre Zwillinge, nach dem Abitur ausgezogen waren und in Göttingen und Halle studierten, stand er allein im Mittelpunkt ihres Lebens. All die Zeit, die Mathilde früher in die Kinder und den Haushalt gesteckt hatte, traf ihn nun mit geballter Kraft. Es schien, als sei er nun ihr Kind, das sie umsorgen und erziehen musste.

»Nee nee, meine Liebe, nicht mit mir«, raunte er kopfschüttelnd und schaute zur Tür, als stehe seine Angetraute dahinter. Morgen würde er mit ihr ein ernstes Wörtchen reden. Morgen, ganz bestimmt.

Als er aus dem Bad kam, hatte er sich ein wenig beruhigt, und auch Mathilde schien einzulenken.

»Was willst du denn heute mit dem freien Tag anfangen, mein Schatz?« Als Wiedergutmachung drückte sie ihm einen Schmatzer auf den Mund und erklärte freimütig: »Heute Morgen hab ich noch zu tun. Da kannst du ja allein was unternehmen. Fahrradfahren zum Beispiel, oder mal wieder wandern. Das machst du doch so gern. Um halb eins steht das Essen auf dem Tisch. Um drei wollten wir zu Karsten nach Göttingen fahren, den neuen Schrank aufbauen.«

»Jaaa«, hatte er ergeben gestöhnt. »Ich glaub, ich schwinge mich auf meinen Esel und drehe 'ne Runde.«

»Gute Idee! Ich schmier dir ein leckeres Brot, mein Lieber. Magst du auch einen Apfel mitnehmen?«

»Brot reicht. Und 'ne Flasche Wasser.«

»Möchtest du nicht lieber eine Thermoskanne mit Kaffee?«

»Nein. Wenn ich radele, schwitze ich. Und Kaffee treibt.«

»Aber Mettwurstbrot und Wasser, das schmeckt doch nicht.«

»Mir schon.«

»Aber....«

Die Ohren auf Durchzug gestellt, war er hinausgegangen, um seine neue Radelhose mit der weichen Einlage anzuziehen. Moni hatte sie ihm zum Geburtstag geschenkt.

»So eine Hose ist unheimlich praktisch, Papa. Da schmerzt der Popo nach der Radtour nicht. Du wirst sehen. Und außerdem ist deine alte Kniebundhose total out. Peinlich!«, hatte sie ihm erklärt.

Doch als er die Hose angezogen hatte und sich im Spiegel betrachtete, fragte er sich: »Ob das nicht noch peinlicher ist? Jetzt hab ich ´nen Hintern wie ein Pavian. Gesäßhöcker. Hmpf, hmpf.«

Moni war die nächste Frau, nach Mathilde, die auf ihn Einfluss nahm. Sie würde nachfragen, ob er die Hose auch wirklich trug. Also: Widerstand zwecklos.

Als er in die Küche kam, hatte Mathilde den Rucksack mit Proviant gefüllt, einen Wortschwall über die Notwendigkeit eines Fahrradhelmes zum Besten gegeben und ihn ermahnt, pünktlich zurück zu sein. Schließlich hatte er mit einem Kuss auf ihre Schrabbelschnute den Redefluss gestoppt und war gegangen. »Tschüss!«

Manchmal war er einfach froh, wenn er die Haustür hinter sich zuziehen konnte.

Nun saß er hier oben, weit weg vom Gebrabbel und Generve, auf weichem Popopolster, versuchte durchzuatmen.

»Frei! Dienstfrei! Ich könnte ruhig und entspannt sein. Zittern die Hände immer noch?« Er streckte sie aus, betrachtete sie enttäuscht. Und langsam, ganz langsam sickerte eine Erkenntnis in sein Oberstübchen. Tröpfchenweise kam sie, bis ihm in aller Klarheit bewusst wurde. »Freie Zeit! Gerade das macht mich nervös. Seit Wochen kein richtiger Fall, kein Knobeln, kein Recherchieren, keine Herausforderung. Und wenn ich nach Hause komme, zerrt Mathilde an meinen Nerven! Hmpf, hmpf.«

Dieses ›Hmpf‹, Luft-durch-die-Nase-Ziehen, gehörte zu ihm wie seine Dienstmarke. Es war, als würde er mit jedem Schnüffeln Erkenntnisse in sein Gehirn saugen.

»Hmpf, hmpf.«

Dabei krauste er seine Nase wie eine Bulldogge zu einem kleinen, faltigen Stummel. Unter den Kollegen im Revier war er wegen dieser Unart längst mit dem Spitznamen ›Schnüffel‹ gebrandmarkt. Als Wachtmeister Pfützenreuter, mit Spitznamen ›Fuzzi‹, ihn einmal versehentlich mit ›Kommissar Schnüffel‹ ansprach, hatte er es ihm nicht übel genommen, sondern es wohlwollend gedeutet. Schließlich war er den Kollegen in Göttingen mit seinen Fallabschlüssen statistisch um Tage voraus. Ein guter Schnüffler.

Er atmete tief aus und schaute in die Ferne, nahm dann aus dem Rucksack noch ein Mettwurstbrot und schenkte sich Kaffee ein, den er ja eigentlich nicht gewollt hatte. Seine Frau wusste eben doch, was ihm guttat.

»Ach ja – Mathilde. Wenn ich dich nicht hätte...« Schmatzend ließ er seinen Blick schweifen, schob die miesen Gedanken beiseite.

»Wirklich schön liegt unser Duderstadt da unten mit den prachtvollen Türmen von St. Cyriakus, Servatius und dem gedrehten Westerturm. Sogar die Sulbergwarte mit dem Haubendach ist zu erkennen.«

In Richtung Etzelsbach, dem Ort im Obereichsfeld, an dem Papst Benedikt 2011 mit den Eichsfeldern einen Gottesdienst gefeiert hatte, drehten sich die Windräder auf dem Höhenzug. Weiter südwestlich schlossen sich die Göttinger Berge mit den ›Zwei Gleichen‹ an. Westlich davon konnte er die Abbruchkante vom Hünenstollen, den Seeburger See, das Dorf Breitenberg und – noch weiter nördlich – den Harz mit dem vorgelagerten Rotenberg sehen. Herrlich! Er blickte gen Osten. Dort, wo früher der Grenzzaun zur DDR verlief und die Untereichsfelder aus dem Westen das Ohmgebirge mit dem Sonnenstein nur aus der Ferne anschauen konnten, strahlte ihm die Sonne grenzenlos entgegen.

»Ach ja, der Sonnenstein, mit ebenso herrlichem Blick nach Duderstadt«, seufzte er in Gedanken. Seinen ersten grenzübergreifenden Fall hatte er dort oben am Gipfelkreuz kurz nach der Wende gelöst. Damals hatte in allen thüringischen und niedersächsischen Zeitungen gestanden: ›*Kommissar Schneider, der Columbo des Untereichsfeldes, deckt das Geheimnis um den Toten vom Sonnenstein auf!*‹

»Ja damals, da ging es mir noch richtig gut. Kein Herzrasen, keine Schlafstörungen, kein Zittern«, raunte er. Mit großem Engagement und Freude hatte er die Fälle gelöst. Und es waren nicht wenige. Durch den Wegfall der Grenze lag Duderstadt nun nicht mehr im letzten Winkel, in Hintertupfingen sozusagen, sondern mitten in Deutschland. Im Dorf Krebeck wurde eigens hierzu ein Gedenkstein errichtet: ›Mittelpunkt von Deutschland‹.

Mit der Freiheit der Ostdeutschen und der Wiedervereinigung der Familien von Ost und West kamen nicht nur Frieden und Glückseligkeit ins Land. Nein, Zwietracht, Neid, Eigentumsrangeleien, ja sogar Mord rückten in Deutschlands neue ›Metropole‹ vor.

»Hmpf, hmpf.« Schneider sog Luft. »Was ich brauche, ist ein neuer Fall.« Er packte seine Siebensachen, setzte den Helm auf, schwang sich aufs Rad, hielt dann aber einen Moment inne. »Welche Richtung? Über den Sonnenstein, dann zur Wehnder Warte und über den Lindenberg nach Hause? Oder nach Fuhrbach, Brochthausen, dann den Radweg nach Hilkerode nehmen und übers Hübental zurück?«

Er schaute auf die Uhr. Wie viel Zeit blieb noch? Unschlüssig wägte er die Touren ab. Da klingelte sein Handy.

Nur im Vorwärtsgehen gelangt man
ans Ende der Reise.
– Weisheit der Ovambo –

Kapitel 3

Ungeduldig auf- und abgehend wartete Heide am Ellerradweg zwischen Brochthausen und Zwinge.

»Mensch Rosi, kannst du nicht einmal pünktlich sein? Du weißt doch, dass ich noch zur Arbeit muss«, schimpfte sie mit Blick zurück zur Dorfstraße. Sie schaute zur Uhr. »Schon fünf nach acht.« Ärgerlich pochte sie mit dem Walking-Stock auf den Boden. Die Sonne, die im Osten über Zwinge in gleißendem Licht strahlte und schon jetzt die Luft zum Flimmern brachte, brannte ihr auf den Rücken. Sie zog das T-Shirt aus und schaute kritisch an sich herunter. »Der Sport-BH reicht. Heute Morgen ist außer uns sicher niemand unterwegs. Mist, die Sonnencreme hab ich vergessen.«, raunte sie. Den Bauch einziehend quetschte sie einen Zipfel vom T-Shirt hinter dem Gurt der Bauchtasche hindurch, sodass es rechts an ihrer Hüfte herunterhing.

In der Nacht hatte es zwar einen kurzen Gewitterschauer gegeben, aber viel war davon nicht mehr zu sehen. Die Wiesen sahen vertrocknet aus. Nur nahe am Ellerbach waren sie noch grün. Das Getreidefeld auf der rechten Seite war schon abgemäht, obwohl doch am Montag erst der Juli begonnen hatte.

Vierzehn Tage früher als üblich, dachte sie gerade, als ein kleiner, quietschgelber Polo von der Straße auf den Radweg einbog und vor ihr auf dem Grasstreifen anhielt.

»Na endlich! Jetzt mach mal Dampf!«, empfing Heide ihre Freundin, die sich mühsam aus dem Wagen schälte.

»Mach du mich nicht auch noch an! Es reicht für heute«, schnauzte Rosi genervt zurück und versuchte ihre Stöcke, die auf der Rückbank lagen, herauszuziehen. Sie verkanteten sich zwischen Fahrer- und Beifahrersitz. Fluchend riss sie daran.

Heide beobachtete ihre Freundin kopfschüttelnd. »Hey, lass mich mal! Was ist denn los? Bist du mit dem falschen Fuß aufgestanden?« Sie fasste ihre Freundin von hinten und schob sie beiseite.

»Ich hab die Nase so gestrichen voll«, murmelte Rosi den Tränen nahe, wischte über die Augen und lehnte sich schniefend an den Wagen.

Heide bemerkte ihr eigenartig geschwollenes Gesicht. Hatte ihre Freundin geweint? Eine Allergie? Oder...? Sie beugte sich über den Fahrersitz, holte die Stöcke heraus und reichte sie Rosi.

»Na komm, wird schon wieder«, ermunterte sie die Freundin. »Lass uns gehen, dann kannst du reden.«

Sie stapften los, Richtung Hilkerode. Das Stockgeklapper hallte gleichmäßig im Takt durchs Ellertal. Im Rhythmus der Schritte spürte Rosi, wie sie langsam ruhiger wurde.

»Ben hat gezickt und wollte nicht im Kindergarten bleiben. Du kannst dir nicht vorstellen, wie furchtbar er geweint hat, als ich ging. Dabei kommt er doch schon nächstes Jahr in die Schule.« Verzweifelt schaute Rosi ihre Freundin an.

»Bestimmt hat er sich schon wieder beruhigt. Du wirst sehen, wenn du ihn heute Mittag abholst, will er gar nicht mit nach Hause«, ermunterte sie Heide.

»Er ist in letzter Zeit so bockig. Aber das ist ja auch kein Wunder...«

Heide nickte. Sie wusste, dass Rosis Mann Hanno um Ostern herum fristlos gekündigt worden war. Man tuschelte im Dorf, dass er der Sekretärin vom Chef anzügliche Bemerkungen gemacht und ihr leichtfertig einen Klaps aufs Hinterteil verpasst hatte. Die Frau war stinksauer gewesen, und der Bauunternehmer hatte die Gelegenheit genutzt, um ihn, den Maurer, mitsamt seinem Alkoholproblem loszuwerden.

Im Dorf wusste jeder, dass Hanno öfter mal einen über den Durst trank und in puncto Frauen kein Kostverächter war. Seit einiger Zeit munkelten die Leute sogar, dass er seine Frau und seinen Sohn schlug, wenn er zu viel getrunken hatte. Aber Rosi hatte geschwiegen. Sie liebte Hanno seit der Schulzeit und verzieh ihm, weil er sie, wenn er wieder nüchtern war, mit kleinen Geschenken und einer Menge Zärtlichkeiten überzeugte. Doch als er heute erst gegen sechs Uhr in der Früh nach Hause gekommen war, hatte sie zum ersten Mal daran gedacht, Hanno zu verlassen. Wo war er in der Nacht gewesen? Gestern Morgen war er mit Olli und Jupp, den anderen beiden Waldarbeitern, zum ›Holzmachen‹ in den Rotenberg gefahren. Zum Glück hatte er diesen Job so schnell bekommen, weil die Herbststürme im letzten Jahr eine Schneise der Verwüstung im Wald hinterlassen hatten und großer Schaden entstanden war.

Um siebzehn Uhr hatte Rosi ihn zurückerwartet, ihm extra seinen Lieblingskartoffelsalat mit Gurken- und Eiwürfeln zubereitet. Die Bratwürste schmurgelten in der Pfanne. Den appetitanregenden Duft konnte jeder, der draußen auf dem Bürgersteig vorbeiging, schnuppern. Aber Hanno war nicht gekommen. Zuerst hatte sie sich Sorgen gemacht und versucht, ihn per Handy zu erreichen. Negativ. Je später es wurde, umso mehr wuchs in ihr der Gedanke, dass eine andere Frau im Spiel war. Jupp und Olli hätten sich auf jeden Fall bei ihr gemeldet, wenn ihm etwas zugestoßen wäre. Da war sie sich sicher. Nachfragen würde das Gerede nur weiter anheizen. Eine Riesenwut, die sie versuchte zu unterdrücken, staute sich an, brodelte. An Schlaf war nicht zu denken.

Als Hanno dann morgens polternd zur Tür hereinkam, hatte sie ihn mit Vorwürfen bombardiert. Daraufhin hatte er den Spieß umgedreht, sie gepackt und beschimpft, ihr rechts und links eine Ohrfeige verpasst, das Frühstücksgeschirr samt Decke vom Tisch gezogen. Dann war er ins Schlafzimmer gegangen, hatte sich ein frisches T-Shirt angezogen und war wütend aus dem Haus gestürmt. Vom Lärm war Ben wach geworden und hatte dem Geschehen wortlos an der Treppe stehend zugeschaut. In diesem Moment wusste sie nicht, ob sie zuerst die Scherben beseitigen oder ihr Kind in die Arme nehmen sollte. Aber darüber wollte Rosi nicht sprechen. Die Probleme mit Ben konnte sie Heide erzählen, aber ihre Eheprobleme? Nein. Heide würde ihr nur raten, Hanno zu verlassen. Die würde sich das nicht gefallen lassen. Das wusste Rosi nur zu gut.

Im Takt der Nordic-Walking-Stöcke marschierten sie zügig weiter, querten bald den Weg, der von der Straße hinauf in den Wald führte. Ein Auto, in eine Staubwolke gehüllt, kam ihnen in hohem Tempo entgegen.

»Idiot! Muss der mit hundert Sachen über den Radweg jagen?«

Die beiden Frauen sprangen ärgerlich schnaubend und hustend zur Seite. Ohne vom Gas zu gehen, rauschte der Wagen vorbei. In der staubigen Luft erkannte Heide nur schemenhaft einen Mann, während Rosi die Hände abwehrend vors Gesicht hielt. War es ein Waldarbeiter gewesen oder jemand vom Jugendwaldlager? Mit quietschenden Reifen bog der Wagen in den Weg, der hoch zum Hüttendorf führt.

»Der hat doch nicht mehr alle Tassen im Schrank!«, entrüstete sich Heide. Sie warteten eine Weile, bis sich der Staub verzogen hatte, dann marschierten sie weiter. An der Wüstung Ankerode blieb Rosi stehen.

»Hier, halte mal meine Stöcke.«

»Pipipause? Ach nee.« Heide atmete tief durch und rollte genervt mit den Augen.

»Ja, dort stehen keine Brennnesseln am Rand. Da kann ich mal. Warte, bin gleich wieder da.«

Rosi eilte den trockenen Wiesenweg hinauf zum Steinkreuz.

»Aber danach geht's flott weiter, sonst komm ich nicht rechtzeitig zur Arbeit«, rief Heide ihr nach.

»Ja, ja.«

Schon im Gehen zog Rosi die Hose herunter und verschwand hinter dem Steinsockel. Heide sah auf die Infotafel: ›Ankerode, ein aufgegebenes Dorf aus dem 14. Jahrhundert.‹ Sie las weiter ... Ein gellender Schrei ließ sie aufhorchen.

»Was ist denn nun schon wieder? Rosi? Was ist denn? Rosi! Wo bist du?«

Nervös lief Heide hinter ihrer Freundin her. Mit halb heruntergezogener Hose kam Rosi aus dem Gebüsch gestolpert.

»D-d-d-da!«, stammelte sie. »Da liegt ein Mädchen! Ich glaub', die ist tot!«

Sie hielt sich die Hände vors Gesicht, so als wolle sie das Gesehene ungeschehen machen. Heide schaute ihre Freundin skeptisch an. Kreidebleich, mit klappernden Knien stand Rosi vor ihr, total fertig. Heide fasste allen Mut zusammen, ging auf das Gebüsch hinter dem Kreuz zu. Versteckt im Gras liegend fand sie den leblosen Körper eines jungen Mädchens. Es lag auf der Seite, gekrümmt wie ein Kind im Mutterschoß. Das Gesicht war durch die langen blonden Haare verdeckt. Ihr weißes T-Shirt und die kurze Bermuda-Jeans waren schmutzig, ebenso die leichten schwarzen Stoffturnschuhe. Daneben hatte jemand versucht, ein Loch zu graben, war offensichtlich an dem harten trockenen Boden gescheitert. Mit geübtem Griff fasste Heide dem Mädchen an die Halsschlagader. Kein Puls. Als OP-Schwester hatte sie mit dem Anblick von Toten eigentlich keine Probleme. Aber in diesem Moment fingen auch ihre Beine an zu schlottern. Sie schloss die Augen, atmete tief ein und aus. Sie musste Klarheit in ihr Gedankenwirrwarr bekommen. Was war hier passiert? Hatte jemand versucht, das Mädchen zu begraben? Warum war sie tot?

Ich muss versuchen, sie wiederzubeleben, schoss es ihr durch den Kopf. Sie kniete sich hin, drehte das Mädchen herum. Der Körper fühlte sich noch warm an. Aber das sagte nicht viel bei dem Wetter. *Ein hübsches Gesicht und so jung. Vielleicht fünfzehn oder sechzehn Jahre alt,* ging es ihr durch den Kopf. Sie begann mit der Mund-zu-Mund-Beatmung. Immer und immer wieder. »Scheiße!«, schrie sie laut, als ihr klar wurde, dass alle Versuche umsonst sein würden.

»Was ist?«, kam die bange Frage von Rosi, die auf dem Rasenweg stand und noch immer die Hände vors Gesicht hielt.

»Sie ist tot«, resignierte Heide. Schließlich zog sie ihr Handy aus der Bauchtasche, rief direkt den Notarzt, obwohl sie sicher war, dass das Mädchen nicht mehr lebte. Dann meldete sie sich bei der Polizei, gab ihren Namen an und den Ort, an dem sie stand. Der Beamte versprach, sofort einen Wagen zu schicken. Sie solle warten und nichts anrühren.

»Die kommen gleich«, sagte Heide, ging zu Rosi und nahm sie in die Arme. Gegenseitig stützten sie sich und suchten Halt aneinander.

»Was passiert hier gerade?«, fragte Rosi.

Eine unwirkliche Stille lag über der Wüstung Ankerode. Totenstille. Kein Vogel, der piepste, keine Biene, die von Blüte zu Blüte summte, nicht mal Autogeräusche von der Straße waren zu hören. Alles gespenstisch ruhig. Nur in Rosis Kopf dröhnte, hämmerte und pochte es, dass es kaum auszuhalten war. Alles, worüber die beiden Frauen gesprochen hatten, alle eigenen Probleme rückten in weite Ferne. Jeder hing seinen Gedanken nach, versuchte, das Unsägliche zu verstehen. Aber es waren nur Fragen, die keinen Sinn ergaben: War das Mädchen ermordet worden, gar vergewaltigt? Waren Drogen oder Tabletten im Spiel? Was war das überhaupt für ein Mädchen? Woher kam sie? Aus Brochthausen? Unwahrscheinlich. Sie kannten die Leute im Dorf. Vielleicht kam sie aus Hilkerode oder Rhumspringe? Aber wieso war sie tot? Wieso lag sie hier? War alles nur ein böser Traum? Rosi kniff sich in den Arm. Nein, kein Traum. Unbarmherzige Realität.

Sirengeheul ließ die Frauen aufhorchen. Sie lösten sich aus der Umklammerung, liefen den Wiesenweg zum Radweg hinunter.

»Hallo Heide! Was machst du denn hier schon am frühen Morgen in der Botanik? Und dann so reizvoll«, fragte der Notarzt, der aus dem Rettungswagen stieg. Sie kannte ihn noch aus ihrer Zeit im Duderstädter Krankenhaus. Er musterte sie von oben bis unten in ihrem BH und der kurzen Sporthose.

»Was ich hier mache? Leichen finden, was sonst. Da oben, hinter dem Kreuz!«, wies sie ihm schnippisch den Weg. Dann schaute sie an sich herunter. »Oh Gott.« Schnell riss sie ihr T-Shirt vom Gurt und zog es über.

Der Doktor grinste. »Leichen? Ich bin Arzt, kein Leichenbeschauer«, rief er ihr im Gehen zu.

»Echt witzig.«

Heide war auf diesen Jargon überhaupt nicht eingestellt, fand derartige Bemerkungen hier völlig fehl am Platz, obwohl sie sonst selbst am OP-Tisch so manch makaberen Spruch losließ. Die Sanitäter folgten dem Arzt.

Fast zeitgleich kam auch der Polizeiwagen mit Blaulicht vorgefahren. Die beiden Polizisten stellten sich als Oberwachtmeister Carl-Otto Paschke, mit Spitznamen Cop, und Wachtmeister Pfützenreuter vor. Rosi erklärte ihnen stotternd, wie und wo sie das Mädchen gefunden hatte, und ging mit ihnen zur Fundstelle. Der Arzt, der neben dem leblosen Körper kniete, schaute auf und sah die Polizisten an. »Das ist was für euch. Die ist so was von mausetot, kein natürlicher Tod.«

»Und wie ist sie zu Tode gekommen? Können Sie schon was sagen?«, fragte der Oberwachtmeister.

»Unter anderem hab ich Würgemale am Hals gefunden. Ich schätze, der hat jemand die Kehle zugedrückt. Aber festlegen will ich mich nicht. Das muss genauer untersucht werden.« Der Doktor packte seine Utensilien zurück in die Tasche. »Mann oh Mann, ein Mord. Hier bei uns! So ein junges Mädchen. Ich schätze, die ist noch keine achtzehn.« Er schüttelte den Kopf, nickte den Sanitätern zu. Hier war nichts mehr zu machen. Sie fuhren ab. Daraufhin forderten die Beamten die Kripo und die Kriminaltechniker an.

»Fuzzi, hol mal das Absperrband aus dem Kofferraum und sperr die Wüstung großräumig ab«, wies Paschke seinen Kollegen Pfützenreuter an und zog Block und Stift aus der Brusttasche.

»Okay, Cop. Aber was meinst du mit Wüstung? Der Tatort ist doch gar nicht verwüstet.«

Paschke blickte verzweifelt zum Himmel.

»Mensch Fuzzi. Das tut echt weh. Wenn ich nicht wüsste, dass du es wirklich nicht weißt...« Resigniert erklärte er: »Hier stand im Mittelalter mal ein Dorf. Ankerode hieß das. Aber die Menschen haben es verlassen, wegen der Pest. Die, die noch am Leben waren, haben sich damals in den umliegenden Orten niedergelassen. Also merk dir: Eine verlassene Dorfstelle nennt man: ›Wüstung‹!«

»Aha. Okay. Also sperr ich den ›Tatort‹ großräumig ab. Das hättest du auch gleich sagen können.«

»Ja, nächstes Mal«, seufzte Cop. Mit Fuzzi war es immer das Gleiche. Bloß keine Bildung. Da könnte der Kopf anfangen zu rauchen. Er wandte sich an die beiden Frauen.

»Bitte setzen Sie sich doch hier auf die Bank. Es tut mir leid. Sie haben sich den Tag heute sicher anders vorgestellt. Trotzdem muss ich ihre Personalien aufnehmen und ein paar Fragen stellen. Von der Duderstädter Kripo wird gleich jemand kommen und Sie dann weiter befragen.«

Heide trat von einem Bein auf das andere. »Ich muss zur Arbeit in die Klinik nach Göttingen. Meine Schicht beginnt um 11.30 Uhr.«

»Das können Sie vergessen.« Cop zuckte die Achseln, presste die Lippen zu einem dünnen Strich und schüttelte den Kopf. »Höhere Gewalt. Rufen Sie an und sagen, dass etwas dazwischengekommen ist.«

Heide atmete tief aus und scrollte in ihrem Smartphone die Nummer.

*Das Außergewöhnliche geschieht nicht auf glattem,
gewöhnlichem Wege.*
– Johann Wolfgang von Goethe –

Kapitel 4

Kriminalhauptkommissar Schneider stieg genervt vom Rad ab. Sein Handy vibrierte und dudelte unaufhörlich ›I'm on fire‹ von Bruce Springsteen. Diesen Klingelton hatte er sich eigens für die Dienststelle ausgesucht.

»Ja, ja! Was gibt´s denn so Eiliges? Hmpf, hmpf.«

Weil die Radlerhose und auch das T-Shirt keine Taschen hatten, steckte das Handy im Rucksack. Mit zittrigen Händen öffnete er die lederne Schnalle. Das museumstaugliche Stück hatte leider nur ein großes Fach, ein Ruck-Sack im wahrsten Sinne des Wortes. Er griff hinein, fühlte in den Tiefen noch zwei eingewickelte Brote, eine Tempopackung, einen Apfel, die Dose mit den sauren Gurken, die Thermoskanne, ein Erste-Hilfe-Päckchen, sein Taschenmesser und das Fahrradreparaturzeug. Ein Strahlen lief über sein Gesicht, als er endlich fündig wurde. Freudig nahm er das Gespräch an.

»Was gibt´s? Hm. Oh! Ach! Wooo? Hmpf! Moment! Nein, ihr braucht keinen aus Göttingen anfordern. Auf gar keinen Fall. Das mach ich schon selbst. Bin gar nicht weit weg – an der Franziskus Kapelle. Nee, abholen braucht mich keiner. Ich komme mit dem Rad. In fünfzehn Minuten bin ich da. Die sollen alles so lassen wie es ist, klar? Hmpf, hmpf«, beendete er das Gespräch.

Für einen Moment betrachtete er sein Handy, checkte das Gehörte noch einmal im Geiste. Dann warf er das Telefon zurück in den Sack, band ihn zu und klemmte ihn auf dem Gepäckträger fest. Er streckte seine Hände aus. Ein erleichtertes Grinsen machte sich in seinem Gesicht breit. Die Hände waren vollkommen ruhig!

»Auf geht's!« Schwungvoll trat er in die Pedale, nahm den Weg nach Fuhrbach hinunter. Endlich ein neuer Fall, eine Tote war gefunden worden! Vor Freude hätte er am liebsten laut ein Lied geschmettert. Ein wenig schämte er sich dafür, aber nur ein wenig. Sein Vorderrad vibrierte. Er musste scharf bremsen, als er die letzte Kurve vor dem Ort nahm. Am Dorfladen standen zwei Frauen, die er kannte. Sie besprachen wohl die Neuigkeiten aus dem Dorf. Er hob die Hand und sauste vorbei, spürte im Rücken ihre Blicke.

»Alles Gute Herr Kommissar!«, riefen sie ihm nach.

Als er Fuhrbach passiert hatte und auf dem Radweg nach Brochthausen Fahrt aufnahm, spulte er das Telefonat noch einmal in Gedanken ab. Die Tote war unbekannt und schien erdrosselt worden zu sein. Ein Sexualdelikt – eine Affekthandlung – Eifersucht oder Liebeskummer? Viele Möglichkeiten. Er beschleunigte das Tempo noch einmal, hing seinen Gedanken nach, sah weder rechts noch links.

Ich muss mir den Tatort genau einprägen, Fotos mit dem Handy machen. Gut, dass ich es dabei habe. Hoffentlich hat Cop alles ordnungsgemäß abgeriegelt...

Plötzlich machte der Weg eine fast rechtwinkelige Kurve. Augenblicklich stand er auf der Bremse. Die Räder blockierten. Er schlingerte und drohte über den Lenker kopfüber in den Graben zu fliegen.

»Schei...!« Schnell sprang er vom fahrenden Rad, knickte dabei seinen Fuß um. »Autsch! Das auch noch! Hmpf«, schimpfte er sich, als er im Gras zum Stehen kam und sich umschaute. *Ach ja, der Radweg umgeht die Fischteiche,* erinnerte er sich. Unglaublich. Bis hierher war er schon gefahren? Hatte er total abgeschaltet? Eben war er doch noch in Fuhrbach gewesen. Langsam fuhr er weiter, war schon wieder mit den Gedanken am Tatort. Lautes Gebell ließ ihn erneut zusammenzucken. Er bremste. Zwei Schäferhunde jagten ausgelassen bellend über die Wiese. *Ach ja, der Hundetrainingsplatz!*

»Mensch, Christian, bist du noch bei Sinnen?«, äffte er seine Frau Mathilde nach. »Jetzt pass besser auf! Hmpf, hmpf.« Laut sog er Luft ein, rümpfte die Nase und grinste. Manchmal machte es einfach Spaß, unvernünftig zu sein.

Sein Fuß schmerzte, als er in die Pedale trat. Heute Abend würde er ihn mit Franzbranntwein einreiben und kühlen müssen. Hoffentlich schwoll er nicht zu sehr an. Jetzt gab es Wichtigeres zu tun.

Es waren genau vierzehn Minuten vergangen, als er neben den blinkenden Lichtern des Polizeiwagens auf dem Radweg anhielt. Nass geschwitzt stieg er vom Rad, schaute an sich herunter. *Nicht gerade Dienstkleidung, hmpf.* Er kratzte sich verlegen. Mit dem Sitzpolster in der Hose kam er sich vor wie John Wayne, der vom Pferd steigt und breitbeinig auf einen Saloon zugeht. Er liebte diese alten Western, identifizierte sich in seinen Träumen gern mit diesem Schauspieler. Nur jetzt fühlte er sich ziemlich unwohl in seiner Aufmachung. *Wie ein Kind mit voller Windel,* ging es ihm durch den Kopf. Kurz entschlossen fasste er sich ans Hinterteil, schob das Polster so gut es ging zwischen die Beine und hoffte, dass die Kollegen ihn nicht mit einem neuen Spitznamen bedachten. ›*Schnüffel*‹ *konnte man ja für einen Kriminalen noch positiv deuten, aber* ›*Ballermann*‹ *oder …?* Schnell schob er den Gedanken beiseite und humpelte auf die Kollegen zu.

Alles ist schwierig, bevor es leicht wird.
– Saadi –

Kapitel 5

Jan-Hendrik Huber, der Lagerleiter des Waldjugendlagers, stand wie ein Schuljunge vor Thomas Stakenbrück. Dieser hatte ihn wegen seines Fahrstils und Zuspätkommens heftig gemaßregelt und ihm anschließend auch noch mitgeteilt, dass die Schülerin Josefine von Düngen verschwunden war. Sein bisher machohafter Aktionismus verwandelte sich augenblicklich. Er zog die Stirn kraus, schaute die Mädchen und Jungen an, die um sie herumstanden.

»Häh? Wie? Weg?«, fragte er nach.

Thomas ging nicht darauf ein, sondern stellte die provokative Frage, die ihm die ganze Zeit im Kopf herumschwirrte: »Hattest du was mit ihr? Ist sie mit dir gestern Nacht nach Hause gefahren?«

Jan-Hendrik starrte ihn an: »Spinnst du? Ich? Du hast sie doch nicht alle.« Wieder und wieder rieb er sich den Kopf. »Was geht hier eigentlich ab? Wollt ihr mich verarschen?«, fragte er in die Runde.

Niemand antwortete. Es schien den Schülern peinlich zu sein, wie Thomas und Jan-Hendrik miteinander sprachen, ganz anders als in den vergangenen Tagen.

»Also Leute, nun mal langsam. Josefine, das ist doch die mit den langen blonden Haaren, die mit Dirk befreundet ist, oder?«, erkundigte sich Huber, um Klarheit zu bekommen.

»War. Befreundet war«, raunte Mandy.

Die Mädchen nickten, ein paar Jungen guckten skeptisch. Ihnen wurde die Doppeldeutigkeit des Wortes ›war‹ bewusst.

»Ey, was soll das? Wieso war? Du redest ja, als wäre Josi tot. Die führt uns doch alle nur an der Nase herum. Ihr wisst doch, wie gern Josi im Mittelpunkt steht«, meinte Tom, der, wie die anderen Jungen auch, nicht mitgekriegt hatte, dass Josi am Vorabend mit Dirk Schluss gemacht hatte.

»Und seit wann genau ist Josi weg?«, erkundigte sich Jan-Hendrik.

»Heute Morgen lag sie nicht mehr in ihrem Bett«, antwortete Mandy. »Wir haben schon das ganze Lager abgesucht. Sie geht auch nicht ans Handy.«

»Was ist mit ihren Sachen? Sind die noch im Haus?«, erkundigte sich der Lagerleiter, der langsam wieder klar dachte und die Führung übernahm. »Wir überlegen jetzt gemeinsam, was zu tun ist, okay? Wichtig ist, dass wir Ruhe bewahren. Es wird sich alles aufklären. Hier draußen kann Josi eigentlich nichts passieren«, sagte er beruhigend, aber nicht ganz ehrlich. Einiges fiel ihm schon ein, was passieren könnte, aber darüber ließ er die Schüler lieber im Unklaren. Er musste mit Thomas sprechen, und zwar allein. »Kommt erst mal alle in den Essraum.« Jan-Hendrik nahm die Brötchen aus dem Wagen und winkte allen, ihm zu folgen.

Thomas ging zurück zu den Hütten. Er wollte nachsehen, ob noch irgendjemand schlief und von Josis Verschwinden nichts mitbekommen hatte. In einem der Häuser, der ›Wildschwein-Kate‹, fand Thomas tatsächlich Bernd oben im Etagenbett schnarchend. Er rüttelte ihn wach. Verschlafen rieb sich Bernd die Augen, dann fasste er sich an die Ohren und zog zwei Stöpsel heraus.

»Was is'n los?«

»Aufstehen! In fünf Minuten bist du im Essraum! Josi ist weg«, scheuchte der Lehrer den Jungen aus dem Bett und verließ den Raum.

Er ging zur ›Hasen-Sasse‹, in der Josefine einquartiert war. Die Tür stand offen, der Raum war leer. Alina, Lilly und Mandy waren Huber in den Essraum gefolgt. Thomas sah sich um. Ein ziemliches Durcheinander. Scheinbar hatten die Mädchen ihre Anziehsachen gegenseitig anprobiert und im Raum verteilt. Alina und Lilly teilten sich ein Etagenbett, das hatten sie erzählt. Mandy und Josi das andere. Aber welches? Er wusste es nicht, weil Kollegin Kleinschmitt für die Aufsicht in den Mädchenhäusern zuständig war.

Thomas dachte nach. Mandy hatte gesagt, dass Josi schon schlief, als sie mit Lilly und Alina gekommen war. Er schaute sich die Betten genauer an und entdeckte ein kleines Herzkissen im oberen Bett auf der rechten Seite. Ein Talisman, den Josi immer bei sich trug. Also hatte Josi hier oben geschlafen. Konnte Mandy in der Nacht ihre Freundin von unten überhaupt sehen, oder hatte sie nur vermutet, dass Josi im Bett lag? Josis Bettdecke lag so zerwühlt am Sicherheitsbrett, dass Mandy, die keine einssechzig groß war, sicher nicht hineinsehen konnte, es sei denn, sie wäre auf ihre Matratze gestiegen. Nachdenklich ging Thomas zum Essraum. Was war passiert? War Jan-Hendrik wirklich so unbedarft, wie er sich gab? Wo konnte Josi sein? Wollte sie nur Aufmerksamkeit und hatte sich versteckt, wie manche der Jungen glaubten? Wenn das Mädchen in der nächsten Stunde nicht auftauchte, müsste er bei den Eltern anrufen. Hoffentlich hatten die Schüler über ihre Handys noch nicht Angst und Schrecken übers Netz verbreitet.

Es gibt Berge, über die man hinüber muss,
sonst geht der Weg nicht weiter.
– Ludwig Thoma –

Kapitel 6

Donnerstag, 4. Juli, am Nachmittag

Hauptkommissar Schneider hatte Heide und Rosi vor Ort befragt. Die beiden Frauen waren ziemlich durcheinander, waren nur durch Zufall auf das Mädchen gestoßen. Aber sie hatten ihm von einem Landrover erzählt, der wie ein Idiot über den Radweg auf sie zugefahren kam. Ein wichtiger Hinweis, den er weiter verfolgen würde. Er hatte sich am Tatort und in der Umgebung umgeschaut, nichts Auffälliges entdeckt. Mit seinem Handy hatte er Fotos gemacht und hoffte, dass er darauf vielleicht später noch etwas entdecken würde. Die Kriminaltechniker aus Göttingen wollten ihm so schnell wie möglich ihre Ergebnisse schicken. »So schnell wie möglich, hmpf, hmpf. Was soll das heißen? Heute Abend, morgen früh? Oder nächste Woche?«, hatte er gegrummelt. Er wusste, dass sie ihm das nicht beantworten würden, aber trotzdem ...

Schließlich ließ er sich von Fuzzi und Cop nach Hause bringen, damit er sich umziehen konnte. Die beiden warteten im Wagen. *Gut, dass Mathilde nicht zuhause ist,* dachte er, als er die Haustür aufschloss. Er hatte sie von Ankerode aus angerufen und ihr gesagt, dass es eine Tote gab und er den Auftrag bekommen hatte, den Fall zu lösen. Das stimmte nicht ganz, aber dann wusste Mathilde wenigstens, dass sein Tagesablauf von nun an durch die Polizeiarbeit bestimmt würde. Er ging ins Schlafzimmer und wechselte seine Pavianpopohose gegen eine Jeans und ein kurzärmeliges, kariertes Hemd. Er trank einen Schluck Wasser aus der Leitung und ging nach draußen. Cop ließ den Motor an. Zusammen fuhren sie aufs Revier.

Sein Fahrrad wollten die Kollegen im VW-Bus mit zur Dienststelle nehmen.

Bis zum Abend saß er im Büro an der Herzberger Straße und listete alles, was ihm zur Lösung des Falles wichtig schien, auf, druckte die Fotos vom Handy aus, heftete sie mit Namen versehen an eine Stellwand und verband die verschiedenen Zusammenhänge mit Pfeilen und Erklärungen. Die Identität des Mädchens stand noch aus.

»Wer bist du? Woher kommst du? Hmpf, hmpf«, schnüffelte er wieder und wieder. Eindringlich betrachtete er die Fotos von dem toten Mädchen, stemmte seine Fäuste in die Seite, kratzte sich am Kopf. »Ich werde dich kriegen«, drohte er dem Täter oder der Täterin, der/die gesichtslos in seinem Kopf herumwanderte. »Kannst dich drauf verlassen. Damit kommst du nicht durch. Stück für Stück werde ich dich sichtbar machen und Puzzle für Puzzle zusammenfügen. Ist schließlich mein Revier hier.«

Das stimmte nur bedingt. Er hatte Glück gehabt. Der Radweg zwischen Brochthausen und Hilkerode und die Wüstung Ankerode gehörten gerade noch zu seinem Einzugsgebiet. Ein paar hundert Meter nördlich wären die Herzberger oder Northeimer Kollegen zuständig gewesen. Er hoffte inständig, dass er den Fall ohne die dortigen Kriminalbeamten lösen würde.

Mit zerknirschtem Gesicht legte er seinen Fuß auf den Besucherstuhl, betrachtete ihn. Er war zu einem Klumpfuß mutiert und schmerzte höllisch, sobald er ihn bewegte.

Der ist ein Fall für dich, Mathilde. Heute Abend lass ich mich und den Fuß von dir verwöhnen. Er schaute auf die Uhr: »Hmpf! Gleich sieben! Feierabend!« Vorsichtig stand er auf. »Morgen früh haben wir erste Ergebnisse. Dann geht's mit vereinten Kräften an die Arbeit.« Humpelnd verließ er das Kommissariat und fuhr einbeinig tretend auf seinem Rad nach Hause.

Der Weg ist das Ziel.
– Konfuzius –

Kapitel 7

Freitag, 5. Juli, am Morgen

Am nächsten Morgen saß er um sieben wieder an seinem Platz vor der Stellwand, legte den nur noch wenig geschwollenen Fuß auf den Schreibtisch, trank seinen Kaffee aus der Thermoskanne.

Nach dem ersten Schreck beim Anblick seines Fußes hatte Mathilde ihm gestern Abend noch einen Wickel aus essigsaurer Tonerde gemacht, ein leckeres Essen serviert und ihn, von den Vorwürfen über seine Unachtsamkeit einmal abgesehen, liebevoll umsorgt. Heute Morgen rieb sie ihm den Fuß mit Arnikasalbe ein, half ihm beim Anziehen, gab ihm Anweisungen, wie er die Heilung unterstützen könne, und wollte ihn ›auf keinen Fall‹ zum Dienst lassen.

Er hatte nur gelacht, ihr einen Kuss aufgedrückt und versucht den Redeschwall wohlwollend über sich ergehen zu lassen. Zeitung lesen war definitiv nicht möglich gewesen. So war sie nun mal. Trotzdem waren seine Hände ruhig, als er sie betrachtete. Kein Zittern, so ruhig und gelassen wie er selbst. Vorsichtig radelte er zum Dienst. Er brauchte diesen Job, die Herausforderung, einen Fall zu lösen, Unrecht aufzudecken und die Täter hinter Gitter zu bringen, damit die Menschen in seinem Revier sich sicher fühlen konnten, weil es einen Polizeihauptkommissar Christian Schneider gab, der sie beschützte. Genau das war sein Ding. »Hmpf, hmpf!«, schniefte er zufrieden und grinste.

Carl-Otto Paschke betrat mit einem kurzen Klopfer sein Büro. Erschrocken fuhr Schneider zusammen.

»Moin, wir haben die Identität des Mädchens, Chef!«, rief er dem Kommissar zu und reichte ihm die Akte.

Erfreut nahm Schneider die Mappe, schlug sie auf und las: »Josefine von Düngen aus Gieboldehausen, sechzehn Jahre alt, hmpf, hmpf.«

»Die war im Jugendwaldlager im Rotenberg für eine Woche auf Klassenfahrt. Der Klassenlehrer hat sie gestern Nachmittag als vermisst gemeldet,« erklärte Cop. »Die Eltern kriegen wir nicht. Komisch. Die haben wohl die Gelegenheit genutzt, um einen Kurzurlaub ohne die Tochter zu machen. Niemand weiß, wo sie sind. Die Kollegen aus Gieboldehausen melden sich, sobald sie jemanden erreichen. Höchstwahrscheinlich kommen die Eltern heute zurück, denn die Schüler sind nur bis heute Mittag im Lager. Ich hab mit Kowalski von der Dienststelle in Gieboldehausen gesprochen. Der kennt die Familie. Das Mädchen ist ein Einzelkind. Wohnen in der Ohlenroder Straße.«

»Seit gestern Nachmittag ist sie als vermisst gemeldet? Warum erfahre ich das erst jetzt? Ich war bis neunzehn Uhr hier im Haus«, sagte Schneider scharf.

»Äh, weil wir erst jetzt aus Göttingen Bescheid gekriegt haben. Der Lehrer arbeitet am Felix-Klein-Gymnasium in Göttingen und hat sie dort bei der Zentrale als vermisst gemeldet. Die Kollegen haben sich dann an die Dienststelle in Herzberg gewandt, weil das Rotenberger Lager zwar zum Waldpädagogikzentrum WPZ Göttingen gehört, aber bei Pöhlde, an der Nordseite des Rotenbergs, liegt.«

Schneider rieb sein Ohr, zog die Stirn kraus.

»Und das im digitalen Zeitalter. Unfassbar«, schimpfte er und sog schniefend Luft ein. »Hmpf, hmpf!«

Dann wandte er sich Cop, seinem besten Mitarbeiter, zu und zeigte auf die Stellwand.

»Lass uns mal zusammen überlegen. Was meinst du? Ich denke, das Mädchen wurde nicht an der Fundstelle umgebracht. Ich hab dort keine Spuren von Gewalt gefunden. Die

Techniker werden das bestätigen. Aber wer hat sie da abgelegt? Warum an einem Kreuz? Hat das einen religiösen Hintergrund? Recherchiere mal, warum Ankerode damals aufgegeben wurde. Manche Wüstungen wurden ja wegen der Pest verlassen. Vielleicht hatte das Mädchen eine unheilbare Krankheit? Oder stammen die Vorfahren aus Ankerode?« Er hielt inne. »Man kann die Wüstung nur über den Radweg von Hilkerode oder Brochthausen aus erreichen. Oder durch den Wald vom Jugendlager.«

Cop nickte: »Auf dem Radweg kann man gut mit dem Auto fahren. Nachts ist da niemand. Hast du gesehen, dass neben der Toten ein Loch gegraben war? Sollte das Mädchen bei dem Kreuz bestattet werden?«

»Ja, das ist mir auch aufgefallen. Auf der Kleidung waren Dreckkrümel. Also lag die Tote schon da, als gegraben wurde«, meinte Schneider.

Cop sinnierte: »Das muss aber vor dem Gewitterguss gestern Nacht gewesen sein, denn es gibt keine Fußspuren, auch keine Reifenspuren auf dem Grasweg hoch zum Kreuz.«

Schneider schaute sich die Fotos auf der Stellwand an.

»Hmpf, hmpf. Das stimmt.« Zum wiederholten Mal kraulte er sein juckendes Ohr. Wahrscheinlich hatte ihn eine Mücke gepiesackt. »Mistvieh!« An Cop gewandt brummte er kopfwiegend: »Ist ja nicht gerade viel, was wir haben. Aber ein Anfang. Frag mal beim Wetterdienst in Göttingen nach, wann genau im Ellertal das Gewitter runtergekommen ist und wie viel Liter es waren. Ist manchmal kurios mit dem Regen. Dann können wir den Zeitpunkt des Ablegens der Leiche vielleicht eingrenzen, denn der ist nicht identisch mit dem Todeszeitpunkt.«

»Okay, Chef.«

Alles, was uns begegnet, lässt Spuren zurück.
– Johann Wolfgang von Goethe –

Kapitel 8

Freitag, 5. Juli, Gieboldehausen

Wachtmeister Kowalski und seine junge Kollegin Marie Steffen von der Polizeidienststelle in Gieboldehausen saßen angespannt im Streifenwagen vor dem Haus der Familie von Düngen. Das exklusive Haus mit Walmdach und großem parkähnlichen Garten machte einen etwas protzigen Eindruck, passte nicht zu den anderen Häusern, die links und rechts die Straße säumten. Von ihrem Amtsleiter hatten die beiden Polizisten den unliebsamen Auftrag bekommen, den Eltern die Nachricht vom Tod ihrer Tochter Josefine zu überbringen, sobald sie nach Hause kämen. Ihre Recherchen hatten ergeben, dass Herr von Düngen als selbstständiger Immobilienmakler in Herzberg arbeitete und laut seinem Anrufbeantworter ab morgen wieder erreichbar wäre. Also nahmen sie an, dass das Ehepaar im Laufe des Tages von einem Kurzurlaub zurückkäme. Sie sollten sehr behutsam vorgehen, hatte der Chef ihnen mit auf den Weg gegeben.

Kowalski ließ seinen Arm aus dem offenen Fenster hängen. Der leichte Wind kühlte nur minimal. In dem schon jetzt überhitzten, stickigen Wagen, der unbarmherzig von der Morgensonne beschienen wurde, war es kaum auszuhalten. Es würde wieder ein heißer Tag werden.

»Behutsam vorgehen«, äffte Kowalski den Rat vom Chef nach und räkelte sich im Sitz, so als könnte er damit den Auftrag wegschrubben. Er fühlte sich unwohl. »Was stellt der sich vor? Soll ich den Eltern vielleicht sagen: Entschuldigung. Es tut mir leid, aber Ihre Tochter ist ein bisschen tot?«

Marie Steffen zuckte die Achseln: »Tot ist tot, unwiederbringlich. Ein Scheiß-Job, den wir hier heute machen müssen. Eigentlich bin ich sehr gern Polizistin. Aber Todesnachrichten zu überbringen ist das Unangenehmste, finde ich. Warum bin ich nicht Lehrerin geworden, wie meine Oma das wollte?«

Der Polizist rieb sich die feuchten Hände. Was sollte er darauf antworten? Ihm ging es genauso. Gedankenverloren stierte er zum Haus.

»Warten macht es nicht besser«, sagte er mehr zu sich selbst. »Wie lange noch? Auch wenn wir noch Stunden hier sitzen, einmal müssen wir da rein. Sagst du es oder soll ich?«

Obwohl er genau wusste, dass es an ihm hängen bleiben würde, stellte er seiner Kollegin diese Frage. Schlimme Nachrichten zu überbringen war für die meisten ihrer Zunft fast noch schrecklicher, als Verletzte oder gar Tote aus Autowracks zu bergen. Kowalski schielte abwartend zum Beifahrersitz. Marie, ein Frischling in dem Beruf, wurde kreidebleich. Wie eine verschreckte Maus in sich zusammengesunken saß sie neben ihm.

»Ich kann das nicht! Das musst du machen, Kowalski. Die von Düngen sind total feine Leute. Eine perfekte Familie. Ich kenne, äh... kannte Josi. Hab früher als Babysitter öfter auf sie aufgepasst. Aber da wohnten die noch nicht in diesem Haus, sondern neben meinen Eltern«, erklärte Marie und knetete angespannt ihre Finger. »Am liebsten würde ich mich wegbeamen. Warum ist das Leben manchmal so grausam?«

Schniefend wischte sie mit der Handrückenseite unter der Nase entlang, griff dann suchend in ihre Hosentasche. Kowalski reichte ihr ein Tempo.

»Warum das so grausam, aber auch ungerecht ist, frage ich mich manches Mal. Aber tröste dich, es gibt auch ´ne Menge gute Tage. Von den schrecklichen darfst du dich nicht runterziehen lassen, sonst wirst du nicht alt in dem Job«, versuchte er sie zu ermuntern.

Sie nickte. »Ist schon okay.«

Ein schwarzes Sportcoupé mit getönten Scheiben kam die Straße herauf, blinkte und bog in die Einfahrt. Das Garagentor im Keller des Hauses öffnete sich, der Wagen fuhr ins Halbdunkel hinunter und das Tor schloss sich automatisch. Wer und wie viele im Auto gesessen hatten, konnten sie nicht sehen, nahmen aber an, dass es Herr und Frau von Düngen waren.

»Das sind sie. Es geht los«, murmelte Kowalski. Sein Magen drückte, im Hals spürte er einen dicken Kloß. Mit einem Ruck schnallte er sich ab, öffnete die Wagentür, stieg aus und schlug die Tür trotzig zu. »Scheiße!«

Zügig überquerte er die Straße. Marie folgte ihm wie ein begossener Pudel. Auf dem kunstvoll geschmiedeten Namensschild las der Polizist: ›Hier wohnt Familie von Düngen‹.

Marie hielt ihn am Ärmel fest. »Warte, die müssen doch erst aus dem Keller hochkommen.«

Kowalski schaute auf die Uhr. Nach einer Minute drückte er energisch den Messingklingelknopf. Er musste es endlich hinter sich bringen. Ein melodischer Dreiklang ertönte. Es dauerte einige Zeit, bis die bronzene Tür geöffnet wurde. Kowalski musterte die Dame. Sie war um die vierzig, gut aussehend, gepflegt, rundum gleichmäßig gebräunt. Die kräftigen hellblonden Haare hatte sie zu einem seitlich geflochtenen Bauernzopf zusammengefasst, was ihrem Aussehen etwas Besonderes, Edles verlieh. Mit verwundert neugierigem Blick begrüßte sie die Beamten freundlich.

»Guten Tag. Die Polizei? Was kann ich für Sie tun?«, fragte sie.

»Entschuldigen Sie, Oberwachtmeister Kowalski und meine Kollegin Steffen. Sie sind Frau von Düngen?«

»Ja, Melanie von Düngen.« Die Frau musterte die Polizistin erstaunt. »Bist du es, Marie? In deiner Uniform habe ich dich gar nicht erkannt. Steht dir gut!«

Marie Steffen nahm verlegen ihre Mütze ab und nickte leicht.

Frau von Düngen stutzte, schaute die beiden skeptisch an. »Ist was passiert?«

Kowalski spürte eine aufkommende Unruhe in ihrem Blick. »Dürfen wir reinkommen?«, fragte er.

»Ja sicher. Entschuldigen Sie. Ich komme gerade von einem Kurzurlaub zurück«, erklärte Frau von Düngen und machte den Weg frei. »Bitte! Geradeaus ins Wohnzimmer.«

Sie schloss die Haustür und ging dann schnell voraus in einen großen lichtdurchfluteten Wohnraum, der durch eine bodentiefe Fensterfront einen wunderschönen Blick in den parkähnlichen Garten bot.

»Frau von Düngen«, begann Kowalski und wippte nervös von der Ferse auf die Zehenspitzen. »Wir haben leider keine gute Nachricht für Sie. Bitte setzen Sie sich. Es geht um ihre Tochter.«

Frau von Düngen starrte Kowalski an, tastete nach der Sessellehne. Ohne den Blick vom Wachtmeister abzuwenden, setzte sie sich. »Was ist mit Josefine?«

»Wann haben Sie ihre Tochter das letzte Mal gesehen?«, stellte Kowalski die Gegenfrage.

»Wieso fragen Sie? Am Montag! Josefine ist für eine Woche auf Klassenfahrt im Waldjugendlager Rotenberg.« Verständnislos schaute sie von einem zum anderen. »Was ist passiert? Am Dienstag hat sie mir ein Foto von ihrem Arbeitseinsatz im Wald geschickt. Wollen Sie es sehen? Nun sagen Sie endlich! Was ist mit meiner Tochter?« Sichtlich nervös fummelte sie an der Gesäßtasche ihrer Jeans und zog ihr Handy heraus, um das Foto zu suchen.

Kowalski räusperte sich. Ihm brach der Schweiß aus.

»Ähm. Es tut mir sehr leid, Frau von Düngen. Ihre Tochter wurde gestern Morgen tot aufgefunden.«

Frau von Düngen stutzte, so als müsste sie jedes gehörte Wort noch einmal im Geiste abspulen.

»Nein! Nein! Nicht Josefine!«

Ihr schriller Aufschrei fuhr Kowalski durch Mark und Bein. Augenblicklich sprang die Frau auf Marie Steffen zu.

»Das muss eine Verwechslung sein, Marie! Du kennst Josi doch!« Sie ergriff die Polizistin, bestürmte und schüttelte die junge Frau unter Tränen. »Marie, sag, dass das nicht wahr ist!«

Behände griff Kowalski ein, fasste Frau von Düngen am Arm. »Bitte, Frau von Düngen. Lassen Sie meine Kollegin los. Wir werden Ihnen alles erklären«, versuchte er die Frau zu beruhigen.

Entgeistert schaute Frau von Düngen Marie an. Langsam löste sich ihr verkrampfter Körper. Sie ließ von der Polizistin ab. In sich zusammengesunken schaute sie ins Leere.

Marie atmete aus. Angstschweiß stand auf ihrer Stirn, ihr Herz raste. Trotzdem nahm sie Frau von Düngen behutsam an der Hand und setzte sie wie eine abgelegte Marionette zurück in den Sessel.

»Es tut mir sehr leid«, stammelte sie. »Sollen wir einen Arzt rufen. Oder wollen Sie Ihren Mann benachrichtigen?«

»Nein! Auf keinen Fall meinen Mann!« Frau von Düngen schüttelte energisch den Kopf.

»Wo ist denn ihr Mann? Waren Sie nicht zusammen verreist?«, fragte Kowalski. Irritiert blickte Frau von Düngen die Polizisten an. Dann wandte sie sich ab, schaute wie versteinert zum Fenster hinaus.

»Nein. Mein Mann kommt erst heute Abend von seiner Dienstreise zurück«, murmelte sie leise, erhob sich und man sah, wie sie die Entgleisung, so empfand sie wohl ihren Gefühlsausbruch, peinlich berührte. Schnell nahm sie Haltung an, schlüpfte sichtlich in ihre Rolle als Frau von Düngen zurück. Distanziert wandte sie sich an die Beamten: »Was ist passiert? Wo haben Sie meine Tochter gefunden?«

Kowalski räusperte sich. »Zwei Frauen haben sie beim Walken auf dem Eller-Radweg zwischen Brochthausen und Hilkerode an der Wüstung Ankerode gefunden.«

»Wie ist sie dahin gekommen? Was hat man mit ihr gemacht?«

»Tut mir leid. Das kann ich Ihnen nicht sagen. Ihre Tochter wird noch in der Gerichtsmedizin untersucht.«

Betreten schauten die Polizisten zu Boden. Stille machte sich im Raum breit. Kowalski und Steffen wagten kaum zu atmen. *Wie geht eine Mutter damit um, wenn sie erfährt, dass ihr Kind in der Gerichtsmedizin liegt?*, fragte sich Kowalski und schalt sich, dass er es so formuliert hatte. Marie überlegte krampfhaft, was sie sagen sollte, um die unerträgliche Stille zu durchbrechen, hoffte inständig, dass die Frau ruhig blieb.

Nach einer Weile räusperte sich Frau von Düngen.

»Ich möchte Sie jetzt bitten, zu gehen. Entschuldigen Sie meinen Gefühlsausbruch. Das ist eigentlich nicht meine Art. Können Sie mir sagen, wo ich meine Tochter finde? Ich möchte sie sehen.«

»Frau von Düngen. Ich denke, es wird sich bald jemand von der Kriminalpolizei bei Ihnen melden. Von den Kollegen erfahren sie dann Näheres, auch wann sie sich von Ihrer Tochter verabschieden können. Es tut mir sehr leid.«

Der Polizist wippte erneut von der Ferse auf die Zehen, eine Eigenart, mit der er versuchte, sich wieder ins Gleichgewicht zu bringen. Er nickte Marie zu. Sie verabschiedeten sich und verließen gesenkten Hauptes das Haus.

»Ein Scheiß-Job«, fluchte Kowalski draußen. Für heute reichte es ihm.

Niemand kommt von einer Reise so zurück,
wie er weggefahren ist.
– Graham Greene –

Kapitel 9

Gegen zehn Uhr stieg Schneider in den von der Sonne auf tropische Temperaturen aufgeheizten Dienstwagen, kurbelte die Fenster runter und stellte das Gebläse auf Turbo. »Affenhitze! Hmpf.« Stöhnend wischte er sich den Schweiß von der Stirn. Am liebsten wäre er mit dem Rad gefahren. Der Fahrtwind und das Trampeln würden ihm jetzt gut tun, würden sein Hirn wieder in Schwung bringen, aber die Zeit drängte. Er dachte an seine gestrige Tour, an seine Radelhose mit dem Pavianpopo, die doch eigentlich sehr bequem gewesen war. *Die jungen Leute wissen schon, was gut ist,* dachte er und nahm sich vor, dass er seiner Tochter eine WhatsApp-Nachricht mit einem erhobenen Daumen und einem Fahrradfahrer schicken würde. Moni wüsste sofort, was er damit meinte. Schließlich war sie seine Tochter, auch wenn er einige Unarten von Mathilde an ihr beobachtete.

Zuerst musste er aber dringend Gespräche mit den Schülern, Lehrern und dem Leiter vom Lager führen, danach mit den Eltern des toten Mädchens. *Wenn's gut läuft, gibt's heute Futter für die Ermittlung,* hoffte er, stellte den Motor an, bog rechts vom Parkplatz der Polizeidienststelle auf die Straße Richtung Breitenberg. Hinter dem Pferdehof von Fredershausen kam ihm ein mit Korn beladener Trecker entgegen. Eine Autoschlange hatte sich dahinter gebildet. Erntezeit. *In den nächsten Wochen werden die Kollegen mehr zu tun haben,* ging ihm durch den Kopf. *Wenn Schneckentempo auf Raser trifft, knallt´s öfter. Die Leute sind nervös und hektisch. Hoffentlich geht's in diesem Sommer glimpflicher ab als im letzten. Ohne*

Tote, dachte er gerade, als ein beigefarbener Geländewagen aus der Schlange ausscherte und direkt auf ihn zugerast kam.

»Ist der wahnsinnig?«

Geistesgegenwärtig riss er das Steuer nach rechts, fuhr auf den Schotterrand, gefährlich nah an der Leitplanke entlang. Durch die dadurch entstandene Mittelgasse raste der Wagen hindurch und war in Sekundenschnelle verschwunden.

»Idiot«, schrie Schneider und sog hastig Luft ein. »Hmpf, hmpf.«

Rumpelnd lenkte er den Wagen auf die Fahrbahn zurück. Er spürte, wie ihm der Schweiß im Rücken runterlief. Durch tiefes Ein- und Ausatmen versuchte er sich zu beruhigen, sich das Fabrikat und die Farbe des Autos ins Gedächtnis zu rufen. Das Nummernschild hatte er überhaupt nicht wahrgenommen. Es war alles zu schnell gegangen.

»Ein Landrover. Farbe? Schmutzig. Egal, kommt eh nichts bei raus. Jetzt gibt's Wichtigeres zu tun«, beschloss er, schob die Gedanken beiseite und versuchte sich auf den aktuellen Fall zu konzentrieren. »Hmpf, hmpf.«

Hinter Hilkerode bog er in der scharfen Kurve rechts auf den Radweg. Bevor er zum Jugendwaldlager fuhr, wollte er sich den Platz, wo das Mädchen gelegen hatte, noch einmal in Ruhe ansehen. Er wusste aus eigener Erfahrung, dass im Gewusel der Aktivitäten manches unterging. An der Wüstung parkte er und stieg aus. Grübelnd blickte er auf das Absperrband, überstieg es und ging zum Kreuz hinauf. Er ließ den Ort auf sich wirken, stellte sich Fragen, die er noch beantworten müsste. So hoffte er, einiges ausschließen zu können.

Was war der Grund, das Mädchen zu töten? Hass? Eifersucht? War es die Tötung eines Psychopathen, eine Affekthandlung? Vielleicht wollte der Täter das Mädchen gar nicht töten. Welchen Grund sollte er sonst haben, den Leichnam hier oben beim Kreuz abzulegen? Ein guter Platz für eine Beisetzung mit einer Aura wie auf dem Friedhof, schön gelegen in der Natur. Eine Ruhestätte. Aber warum hatte der Täter aufgehört zu graben? War er gestört worden? Hatte er keinen richtigen Spaten dabei? Hatte das Gewitter ihn am Weitergraben gehindert? Vielleicht war der Täter am Morgen noch einmal zurückgekommen, um den Leichnam zu bestatten, und war dann gestört worden? Die Frauen hatten doch von einem Wagen berichtet, der ihnen in hohem Tempo entgegenraste und in den Weg zum Wald abbog. Aber das machte keinen Sinn. Der Wagen kam ja schon mit hoher Geschwindigkeit angefahren. Außerdem hatten die Kollegen von der KTU keine frischen Reifenspuren am Wegrand gefunden. Der Bericht vom Wetterdienst stand auch noch aus.

»Hmpf. Wir sollten die Presse einschalten und nach Zeugen suchen, die hier eventuell etwas beobachtet haben.«

Schneider wischte sich den Schweiß von der Stirn. Es war Zeit, zum Waldjugendlager zu fahren. *Die Lehrer und Schüler scharren sicher schon mit den Hufen, weil sie nach Hause wollen,* dachte er, stieg ein, entschloss sich die kürzere Strecke über den Radweg zu nehmen. Eine Joggerin mit einem schwarzen Cockerspaniel kam ihm entgegen. Er hielt an, kurbelte das Fenster hinunter, stellte sich vor und fragte, ob sie hier öfter laufe und ob ihr was aufgefallen sei. Der Hund sprang derweil an der Fahrertür hoch und schnupperte durchs offene Fenster.

»Nö«, japste die Frau und zog den Hund zurück. »Ich war vierzehn Tage im Urlaub. Ist heute mein erster Lauf hier. Warum wollen Sie das wissen?«

»Schade. Hmpf.« Ohne auf die Frage einzugehen, hob Schneider die Hand zum Gruß und fuhr weiter. Irritiert schaute die Frau ihm nach. Er bog in den Weg hinauf zum Wald. Im Schatten der Bäume atmete er tief durch. *Wesentlich angenehmer!* Er schaute sich um. *Schon lange bin ich nicht mehr hier gewesen. Eigentlich schade.* Ein wunderbar vielfältiger Forst mit abwechslungsreicher Vegetation, Hügeln und Tälern. Am liebsten wäre er den Hüttenweg, der an der nächsten Weggabelung rechts zu einem von mehreren Fischteichen führt, hinunterfahren. Er erinnerte sich noch genau. Davor stand eine Hütte. So manchen Sonntagnachmittag hatten Mathilde und er hier Picknick gemacht, die Kinder im Wald herumstromern lassen. Sie sammelten Stöckchen und Steine, versuchten abgestorbene Bäume aus dem Unterholz umzureißen. Schneider lächelte in sich hinein. Vor fünfzehn Jahren war das alles noch möglich gewesen. Heute war vieles anders. Manchmal, wenn der Waldboden feucht genug war, um nichts in Brand zu setzen, hatten die Kinder Holz gesammelt. Er hatte dann an der Feuerstelle vor der Hütte ein Feuerchen gemacht. Auf angespitzten Stöcken hatte sich jeder sein Würstchen gegrillt. Danach ließen sie Steine über das Wasser springen oder versuchten Fische mit der Hand zu fangen. Für die Kinder waren das aufregende Abenteuer, für ihn glückliche Stunden im Kreise der Familie.

»Ach ja, Mathilde, das waren noch Zeiten«, sprach er in Gedanken. »Ob es die Hütte noch gibt?« Er fasste einen Entschluss. »Am Wochenende machen wir beide eine Wanderung durch den Rotenberg und schwelgen in Erinnerungen. Hoffentlich sind wir dann mit dem Fall schon weiter.«

Schweren Herzens schob er die Gedanken an vergangene Tage beiseite und fuhr geradeaus weiter, einen Hügel hinunter, dann wieder bergauf. Nach einer langgestreckten Kurve entdeckte er rechts das Dach einer Hütte. Er bog ab, fuhr an einem offenen Gebäude mit Bänken und Tischen darin vorbei bis zum Haupthaus des Jugendwaldlagers. Dort parkte er neben dem Polizeiwagen. Er hatte die Herzberger Kollegen um Hilfe gebeten. Sie sollten die Schüler, Lehrer und das Personal beaufsichtigen, bis er käme. Die Duderstädter Polizisten waren hier nicht mehr zuständig. Er selbst wollte die Nachricht vom Tod Josefine von Düngens überbringen, obwohl er ahnte, dass die Buschtrommeln schneller waren als er.

Niemand war im Lager zu sehen, alles wie ausgestorben. *Waren sie doch schon abgereist?* Groll stieg in ihm auf. »Hmpf«, schniefte er. Er hatte doch angeordnet, dass sie nicht abfahren durften, ehe er mit den Schülern gesprochen hatte. Ohne Einfluss von außen wollte er ihre Aussagen haben.

Ein Polizist kam aus der Kantine auf ihn zu. »Polizeihauptkommissar Schneider?«, fragte er.

»Ja.«

»Schmidthals, vom Revier Herzberg.«

»Guten Tag.« Schneider reichte ihm die Hand. »Wo sind denn die Schüler?«

»Kommen Sie, die sitzen alle in der Kantine und warten auf Sie. Sind ziemlich durch den Wind.«

»Haben Sie gesagt, dass das Mädchen tot ist, hmpf, hmpf? Ich hatte das doch ausdrücklich untersagt«, schniefte Schneider.

»Nein, hab ich nicht, aber die sind doch heute alle vernetzt. Das hätten Sie sich doch denken können. Auch wenn der Handyempfang hier oben äußerst schwierig ist. Die Gerüchteküche brodelt.«

»Hmpf, na dann. Ach, und der Lagerleiter? Wo ist der?«, fragte Schneider.

»Der hat die Brötchen gebracht, Küche und Essraum aufgeschlossen und sich dann schnell verabschiedet. Mir hat keiner gesagt, dass ich den nicht weglassen soll.«

»Hmpf, hmpf.«

Schmidthals zuckte die Achseln und hielt dem Kommissar die Tür auf. Schneider trat ein. Augenblicklich war es still im Raum. Alle Blicke waren auf ihn gerichtet. Er versuchte die Stimmung aufzusaugen. Was lief hier? Welche Rolle hatte Josefine in der Klasse gespielt? War sie beliebt gewesen?

Die Schüler saßen in Grüppchen zusammen. Mädchen und Jungen getrennt? Das kam ihm komisch vor. Einige Mädchen hatten verweinte Gesichter, manche waren kreidebleich, hatten die Knie hochgezogen.

Wie hilflos, kauernde Wesen. Angst und Sorge sprechen aus den Gesichtern. Die Jungen versuchen sich nichts anmerken zu lassen; sind ernst, unnahbar. Mit halb gesenktem Kopf fixieren sie mich. Interessant. Sechzehnjährige sind doch schon auf Part-nersuche. Zumindest in meiner Zeit hatten sich schon mehrere Paare in der zehnten Klasse gefunden. Die Grüppchen sahen anders aus, wunderte er sich.

Mathilde und er waren seit der neunten Klasse zusammen. Es hatte nie eine andere für ihn gegeben, bis heute. Obwohl er manchmal von etwas anderem träumte. Aber nur manchmal. Im Großen und Ganzen war er mit seinem Leben zufrieden, vorausgesetzt er hatte Arbeit. Sollte sich die Zeit so verändert haben?

Was ist das für eine Stimmung? Ist keiner von den Jungen ein Mädchenschwarm? Keiner, der ein Mädchen tröstend im Arm hält? Vielleicht liegt es daran, dass sie noch nichts Konkretes wissen. Das macht unsicher. »Hmpf.« Er ging auf einen etwa vierzigjährigen Mann zu. *Wahrscheinlich der Klassenlehrer.* »Guten Morgen«, sprach er ihn an. »Sie sind der Klassenlehrer vom Felix-Klein-Gymnasium, Herr ... hmpf ... äh ...?«

»Thomas Stakenbrück. Ja, ich bin der Klassenlehrer.«

Stakenbrück reichte Schneider die Hand. *Eiskalt und feucht, aber kräftig. Durchsetzungsfähig,* registrierte der Kriminalist.

»Gut. Ich bin Hauptkommissar Schneider vom Kriminalermittlungsdienst in Duderstadt. Kann ich Sie erst einmal allein sprechen?«

»Ja, sicherlich. Das ist meine Kollegin, Frau Kleinschmitt«, stellte Thomas die Referendarin vor.

»Aha. Guten Tag.« Ihre Hand fühlte sich auch kalt und feucht an, war aber so zart und weich, dass die leichte Berührung in seiner Hand regelrecht kitzelte. Unangenehm berührt zog er sie schnell zurück. Am liebsten hätte er sie an seinem Hosenbein abgewischt. *Die wird's mal schwer haben im Beruf,* dachte er und sagte: »Ja, dann möchte ich Sie beide nach draußen bitten. Danach werde ich mit den Schülern sprechen. Hmpf.«

»Ja, okay – Moment bitte.« Stakenbrück wandte sich an die Klasse. »Hört mal alle her. Das ist Kriminalhauptkommissar Schneider aus Duderstadt. Er wird euch gleich zu dem Verschwinden von Josefine etwas sagen. Aber zuerst werden Frau Kleinschmitt und ich von Herrn Schneider informiert. Also bleibt ruhig sitzen. Wir gehen kurz nach draußen.«

»Warum sagen Sie uns nicht gleich, was los ist? Ist Josi wirklich tot?«, rief ein Mädchen und fing an zu weinen. »Das ist unmenschlich, was ihr hier mit uns macht!«

Thomas Stakenbrück blieb stehen. »Mandy, bitte reiß dich zusammen. Wir alle wissen nicht, was mit Josi passiert ist. Gleich werdet ihr es erfahren. Ich weiß, das ist sehr schwer auszuhalten, auch für mich. Okay? Alina und Lilly, bitte kümmert euch um Mandy. Und ihr anderen bewahrt bitte Ruhe. Wir sind gleich wieder da.«

Der Lehrer folgte seiner Kollegin und dem Kommissar nach draußen. Schneider lehnte sich an das Geländer vor dem Eingang, holte tief Luft und stieß sie wieder aus.

»Hmpf.« Dass er den Schülern die größte Hiobsbotschaft in ihrem bisherigen Leben bringen würde, war ihm klar, als er den Raum verließ. *Vorausgesetzt, sie sind nicht am Tod des Mädchens beteiligt. Ist auch eine Möglichkeit*, ging ihm durch den Kopf. *Eine Klasse oder eine Gruppe von Schülern, die eine unliebsame Mitschülerin mobben, sie umbringen? Ist schon passiert. – Keine Vorverurteilung*, rüffelte er sich selbst. *Erstmal sind sie alle hier unschuldig im wahrsten Sinne des Wortes. Sechzehnjährige Jugendliche.*

Er wandte sich den Pädagogen zu. »Ich komme mit keinen guten Nachrichten. Gestern Morgen haben zwei Joggerinnen an der Wüstung Ankerode, die liegt am Radweg zwischen Hilkerode und Brochthausen, ungefähr zwei Kilometer von hier entfernt, ein totes Mädchen gefunden. Es handelt sich mit großer Wahrscheinlichkeit um Josefine von Düngen.«

Betty Kleinschmitt ging in die Knie. Schneider und Stakenbrück reagierten sofort, fassten zu und setzten sie auf die Bank neben der Tür.

»Soll ich dir was zu trinken holen?«, fragte der Lehrer.

Sie schloss die Augen. »Nein. Geht schon«, sagte sie, holte tief Luft.

Schneider beobachtete sie. Es sah nicht gespielt aus, oder doch?

»Sie haben sich gestern am Nachmittag an die Göttinger Kollegen gewandt und Josefine als vermisst gemeldet?«, fragte er Stakenbrück. Der nickte.

»Ja, Josefine war am Morgen verschwunden. Mandy, ihre Freundin, hat es zuerst gemerkt und mir Bescheid gesagt. Wir haben dann überall gesucht. Gegen Mittag hab ich versucht, die Eltern zu erreichen. Aber da war nur der Anrufbeantworter. Dann habe ich mich an die Polizei gewandt und in der Schule in Göttingen Meldung gemacht. Was ist mit ihr passiert? Ist sie verunglückt?«

»Hmpf.« Schneider ging nicht darauf ein, sondern fragte zurück: »Was denken Sie? Hatte das Mädchen Streit mit jemandem, Liebeskummer? Gab es irgendetwas Auffälliges? Haben Sie ihr Handy gesehen?«,

Stakenbrück verneinte. »Im Moment weiß ich gar nichts. Das Handy ist nicht hier. Das hat Josi doch nie aus der Hand gelegt. So wie ihr Herzkissen. Ein kleiner Talisman. Der liegt allerdings in ihrem Bett.«

Frau Kleinschmitt versuchte ihre Gedanken in Worte zu fassen. »Wir haben uns gedacht, dass Josi abgehauen ist. Sie war manchmal unberechenbar, suchte den Kick. Wir waren ziemlich sauer auf sie, weil sie uns so einen Ärger macht. Immer muss sie im Rampenlicht stehen. Aber wie ist sie da hingekommen? Das ist doch weit weg von hier. Warum? Das macht doch alles keinen Sinn! Jetzt ist sie tot? Ich kann das nicht glauben.« Sie ging ein paar Meter vor, kam wieder zurück, grübelte, schüttelte den Kopf. Ganz unerwartet schrie sie auf: »Verflucht noch mal! Was ist das für eine Scheiße!« Sie trat gegen einen Stein, der vor ihren Füßen lag.

Dampf ablassen hilft ihr vielleicht, dachte Schneider.

»Die Hütte, in der Josefine geschlafen hat, müssen wir absperren. Die Kollegen von der Spurensicherung werden sicher gleich da sein.« Schneider kratzte sich am Kopf. »Haben Sie Papier und Stifte für die Schüler? Ich werde sie gleich möglichst behutsam vom Tod des Mädchens in Kenntnis setzen und hoffe, dass sie das einigermaßen überstehen. Das Leben ist nicht immer so einfach, wie man gern möchte. Die Schüler sollen mir aufschreiben, was am Tag vor dem Verschwinden von Josefine passiert ist, wer wo war, und so weiter. Ich muss mir einen Überblick über die Klasse und die Zusammenhänge verschaffen. Dann brauche ich noch die Adressen von Ihnen und den Schülern. Hmpf.«

»Ja, okay. Aber, ich verstehe nicht, wozu das gut sein soll? Glauben Sie, dass einer von uns hier mit dem Tod von Josefine was zu tun hat? War es kein Unfall?«, fragte Stakenbrück erregt.

»Nein, kein Unfall. Josefine ist auch nicht eines natürlichen Todes gestorben. Sagte ich das nicht? Wir müssen einen Täter finden. Sie ist ermordet worden. Also helfen Sie uns bitte. Ich muss mir ein Bild von Josefine und ihrem Umfeld machen.«

Das hatte gesessen. Der Lehrer machte einen Schritt rückwärts. »Ermordet«, sagte er langsam und ließ den Klang des Wortes auf sich wirken. Der Referendarin wich das letzte bisschen Farbe aus dem Gesicht.

Schneider ließ die beiden stehen, ging zurück in den Raum. Er brauchte jetzt Zeit allein mit den Schülern, ohne die Lehrer. Zuerst sagte er ihnen, dass Josefine tot aufgefunden wurde. Totenstille. Sie hatten es vermutet, vielleicht auch schon gehört, im Netz gelesen. Jetzt kam die Gewissheit. Nachdem er jedoch von einem ›Tötungsdelikt‹ gesprochen hatte, stieg fühlbar Panik unter den Schülern auf. Der

Lärmpegel wuchs. Fast jeder musste jetzt etwas Wichtiges sagen. Wie entsetzlich das für ihn sei; dass es doch nicht wahr sein könne, dass so etwas hier passiert. Geblubber, Hysterie, Panikmache. Manche weinten und schluchzten beim Reden, manche kreischten, nur wenige saßen leichenblass und sprachlos auf ihrem Platz. Schneider kam es vor, als ob jeder Schüler eine Rolle spielte. Der Kommissar schaute sich das Drama an. Theater, SAT 1 oder RTL?

Nachdem der erste Schock überwunden war, wartete er, bis die Jugendlichen wieder ruhig geworden waren und seinen Blick suchten. *Sie merken, dass das Publikum fehlt*, dachte er zynisch, revidierte den Gedanken aber gleich. *Es sind Sechzehnjährige. Sie wissen noch nicht, welche Rolle sie im Leben spielen werden. Gib ihnen eine Chance.* Freundlich blickte er in die Runde. *Jetzt kommt es darauf an, ob ich ihr Vertrauen gewinne oder sie sich verschließen.* Er räusperte sich, schniefte kurz.

»Hmpf. Das ist vielleicht die schrecklichste Nachricht, die ihr je gehört habt, weil sie euch persönlich angeht. Josefine war eure Freundin, eure Klassenkameradin. Ihr werdet sie vermissen und diesen Tag sicher nie vergessen. Es ist nämlich etwas ganz anderes, wenn jemand aus dem engen Bekanntenkreis auf diese Weise zu Tode kommt, als wenn man in den Medien von solchen Taten liest oder hört. Brutale Realität. Damit müsst ihr klarkommen. Jeder von euch. Ich weiß, dass ist sehr schwer. Es wird gleich eine Seelsorgerin kommen, mit der ihr sprechen könnt. Sie wird euch zuhören. Ich gebe euch noch einen guten Rat: Redet miteinander, hört einander zu. Erzählt von euren gemeinsamen Erlebnissen, den guten und den weniger guten. So könnt ihr euch gegenseitig helfen und stützen.

Ich hoffe, dass wir bald Antworten finden, warum Josefine hat sterben müssen, und ich verspreche euch, dass ich ein offenes Ohr für jeden von euch haben werde. Es ist nicht nur meine Aufgabe, es ist mein ganz persönlicher Wille, diesen

Fall zu lösen. Dafür bin ich da. Und ihr könnt mir dabei helfen. Ich muss Josefine kennen lernen, mir ein Bild von ihrem Leben machen. Ich muss wissen, was und wen sie mochte, was ihr zuwider war, was sie liebte, mit wem sie zusammen war. Das ist ganz wichtig für die Ermittlungen. Wenn ihr mir Dinge erzählt, die eigentlich nicht für fremde Ohren bestimmt sind, so ist das kein Schlechtreden oder Verpetzen. Manches, was man als unwichtig ansieht, kann manchmal zur Überführung des Täters führen. Es geht nicht darum, Josefine in ein gutes oder schlechtes Licht zu rücken. Bitte denkt daran. Bis jetzt haben wir noch keinen Anhaltspunkt, ob Josefine den Täter überhaupt kannte. Wir ermitteln also in alle Richtungen. Alles ist möglich.«

Hoffentlich hab ich die richtigen Worte gefunden, dachte Schneider, schniefte dann innig und zog die Nase kraus. »Hmpf, hmpf!« Achtzehn Augenpaare starrten ihn an. Einige rümpften selbst ihre Nase. Er erschrak. *Mist,* dachte er und fühlte sich ertappt. *Hab ich so ein blödes Gesicht gemacht?* Das erste Mal, dass ihm das auffiel und peinlich berührte. Er wusste wohl, dass dieses Schniefen eine komische Angewohnheit war. Was andere über ihn dachten, war ihm bis eben noch egal gewesen. Jetzt hatte er Sorge, dass die Jugendlichen seine Eigenart persiflieren könnten. Auf keinen Fall wollte er von ihnen als komisch-kauziger Kriminalbeamter angesehen werden. Schon war er versucht, noch einmal Luft einzuziehen, hielt sich gerade noch zurück. *Wirklich eine dumme Angewohnheit.* Im Angesicht der jungen, hübschen Mädchen fühlte er eine unangenehme Schamröte in sich aufsteigen. Schnell zog er ein Tempo aus der Hosentasche, täuschte ein Niesen vor und schnupfte ins Taschentuch. Sollten sie doch denken, dass er Schnupfen hatte. Er schaute in die Runde. Die Schüler schienen es so zu deuten. Er wischte noch einmal die Nase und fuhr dann erleichtert fort.

»Ihr bekommt jetzt Papier und Stifte. Darauf schreibt ihr bitte euren Namen und eure Adresse, auch eure Handynummer. Dann werde ich euch ein paar Fragen stellen, die jeder aus seiner Sicht beantwortet. Ich brauche zuerst den Tagesablauf, alles, was am Mittwoch gewesen ist. Wer war mit Josefine zusammen und wo seid ihr gewesen? Habt ihr gesehen, ob Josefine jemanden getroffen hat, hatte sie Streit? Alles ist wichtig und wird vertraulich behandelt. Klar? In den nächsten Tagen, wenn die Ermittlungen weiter fortgeschritten sind, kann es sein, dass ich dem ein oder anderen auf dem Revier in Duderstadt noch weitere Fragen stellen muss. Die, die eng mit Josefine befreundet waren oder am Tag vor dem Tod mit ihr zusammen etwas gemacht haben, können sich schon darauf einstellen. Das werden wir dann mit euren Eltern absprechen. Ihr seid ja noch nicht volljährig.«

Schneider gab einem der Jungen den Papierstapel zum Verteilen und ließ die Dose mit Kugelschreibern herumgehen. Er formulierte die Fragen noch einmal. Die Schüler begannen zu schreiben. *Wie bei einer Klausur,* dachte er, als sein Blick durch den Raum wanderte. Er hatte das Gefühl, dass sie sich ehrlich bemühten. Gegen dreizehn Uhr waren sie fertig. Er sammelte die Zettel ein. Ein Anfang. Den Jugendlichen, die doch noch persönlich mit ihm sprechen wollten, bot er an, mit nach draußen zu kommen. Er verabschiedete sich und ging hinaus.

»Wann gibt es denn hier Mittagessen?«, erkundigte er sich bei Herrn Stakenbrück und Frau Kleinschmitt, die gedankenversunken vor dem Essraum patrouillierten. Ein komischer Anblick. Die beiden blieben stehen.

Stakenbrück schaute auf die Uhr. »Äh. Eigentlich jetzt. Aber Jan-Hendrik, äh, ich meine Herr Huber, ist nicht da«, sagte er. »Ich hab schon versucht, ihn zu erreichen. Aber er geht nicht ans Handy. Genau wie gestern Morgen.«

»Haben sie denn hier keine Frauen, die das Essen kochen? So war das doch früher in den Lagern.«

»Wir haben mit den Schülern entschieden, das selbst zu tun. In unserer Abendrunde wird besprochen, was wir am nächsten Tag essen wollen und was wir dazu benötigen. Frau Kleinschmitt besorgt es dann mit zwei Schülern am Morgen nach dem Frühstück. Aber jetzt läuft wohl alles anders.«

Schneider hakte nach. »Was denken Sie, wo Herr Huber sein kann?«

Die beiden Lehrer zuckten die Achseln. »Keine Ahnung. Der hat die Brötchen gebracht und ist gleich wieder verschwunden. Hier läuft seit gestern alles durcheinander. Eigentlich macht Herr Huber immer die Morgenrunde und dann geht's an die Aufgaben für den Tag, aber ...«

Betty Kleinschmitt verzog die Mundwinkel.

»Allerdings komisch. Dann sehen Sie mal zu, wie Sie das jetzt organisieren. Die jungen Leute haben sicher Hunger, trotz der schlechten Nachrichten«, wandte Schneider ein und dachte: *Diesen Huber muss ich unbedingt sprechen.*

Jeder Augenblick des Lebens will uns etwas sagen.
– Friedrich Nietzsche –

Kapitel 10

Freitag, 5. Juli, am Nachmittag

Die Kirchenglocken in Brochthausen läuteten. Das halbe Dorf machte sich schwarzgekleidet auf den Weg zum Friedhof. Auch Rosi und Hanno hatten sich in Schale geschmissen. Der Verstorbene, Hannos Patenonkel, war im Alter von nicht einmal siebzig Jahren Anfang der Woche plötzlich an Herzversagen gestorben. Ein einflussreicher, streitbarer Bauer, mehr gefürchtet als geachtet und enorm trinkfest. Die schwarze Trauerkleidung und das rege Erscheinen der Leute standen im Widerspruch zur Gefühlslage der Menschen. So mancher war froh, dass die Ära des Fritz Ballhausen nun endlich ein Ende fand. Viel zu oft war das Schützenfest wegen ihm in eine Schlägerei ausgeartet, weil Fritz im besoffenen Zustand äußerst aggressiv reagierte, wegen irgendeiner Bagatelle ausrastete und die Männer, egal welchen Alters, ohne lange zu fackeln mit kraftvoller Faust niederstreckte. Es gab einfach keinen Mann im Dorf, der es mit ihm aufnehmen konnte. Aber das merkten die Männer erst nach der Schlägerei. Durch Bier und Schnäpse gestärkt, glaubte vorher jeder, dass er es sehr wohl konnte.

Besonders die Frauen im Ort waren auf den Bauern nicht gut zu sprechen. Sie mussten schließlich ihre jammernden Männer wieder zusammenflicken und verarzten. Doch heute würde darüber nicht gesprochen werden. Lobeshymnen standen jedem Toten zu, egal wie gut oder schlecht er im Leben gewesen war. Ein ungeschriebenes Gesetz im Dorf. Sicher würde die Durchsetzungskraft von Fritz Ballhausen und sein Einsatz bei der Feuerwehr – wenn es brannte, nicht der

Einsatz beim Durstlöschen – gelobt werden. Und als Hausschlachter war er wegen seiner guten Wurst über den Ort hinaus begehrt. Auch als waschechten Eichsfelder, der zur Kirche und zum Glauben stand, würden sie ihn ehren und niemals vergessen.

Rosi und Hanno begrüßten ihre Verwandten und Freunde, bekundeten der Witwe und den erwachsenen Töchtern ihr Beileid und stellten sich zu den anderen aus der Verwandtschaft. Zwischen ihnen beiden herrschte eisige Funkstille, was bei der Beerdigung nicht weiter auffiel. Alle standen mehr oder weniger schweigsam da. Rosi ließ ihren Gedanken freien Lauf. Seit dem Streit gestern Morgen hatte sie kein Wort mehr mit Hanno gesprochen, jeden Annäherungsversuch energisch abgewimmelt. Fürsorglich gab sich Hanno, nachdem er wieder nüchtern war. Er wusste, dass Rosi bald wieder zahm wie ein Lamm sein würde. So war es immer gewesen. Aber noch regte sich heftiger Widerstand in ihr.

Sie schielte zu ihm rüber, sah seinen zuversichtlichen Blick, und das passte ihr gar nicht. *Nein. Diesmal werde ich nicht nachgeben. Es muss sich in meinem Leben was ände-n,* dachte sie trotzig. Aber was genau sich ändern sollte, das wusste sie bis jetzt noch nicht. Sie biss die Zähne aufeinander.

Hanno hatte ihr nicht gesagt, wo er über Nacht gewesen war. Und sie hatte ihn nicht gefragt. Aber ihr ging das tote Mädchen vom Ankeröder Kreuz nicht aus dem Kopf. Die letzten zwei Nächte hatte sie diesen schrecklichen Albtraum, der ihr keine Ruhe mehr ließ: Hanno hatte sich wie ein Wahnsinniger an dem Mädchen vergangen. Als er sie endlich losließ, hatte sie ihn verflucht und geschworen, zur Polizei zu gehen. Daraufhin hatte er sie gewürgt. Er wollte sie nur zum Schweigen bringen. Im Traum konnte es Rosi an seinem Blick voller Angst sehen. Doch dann fiel der Kopf des Mädchens leblos zur Seite. Hanno hatte erschrocken hingestarrt und als ihm klar wurde, was er getan hatte, war er aufgesprungen und davongelaufen.

Schweißgebadet war Rosi morgens aufgewacht. Ihr Herz raste, wenn sie nur daran dachte. Woher kamen diese Gedanken? War es möglich, dass ihr Ehemann etwas mit dem Tod des Mädchens zu tun hatte? Wo hatte er sie kennengelernt? Hatte er gar den Landrover gefahren, der an Heide und ihr vorbeigeprescht war? Die aufgewirbelte Luft war so staubig gewesen, dass man den Fahrer hinter der Scheibe nicht erkennen konnte. Sie war aber überzeugt, dass es ein Wagen vom Forst gewesen war. Traute sie ihrem Mann das zu? Sie wusste es nicht. Doch aus Sorge und Angst hatte sie nach dem Frühstück ihre Mutter angerufen und gefragt, ob sie Ben für ein paar Tage nehmen könnte. Ihr ginge es nicht gut. Wenigstens Ben musste sie aus allem heraushalten. Er hatte schon viel zu viel gesehen.

»Du darfst einen kleinen Wochenendurlaub bei Omi machen. Sie will mit dir ins Schwimmbad gehen und ich glaube, auch zum Eis essen«, hatte sie ihn gelockt. Inständig hoffte sie, dass ihr Streit mit Hanno bei Ben keine bleibenden Schäden hinterlassen würde. Am meisten fürchtete sie, dass ihr Sohn die Gene von Hanno und Onkel Fritz in sich tragen könnte.

Rosi schaute zu Tante Else, der Frau des Verstorbenen, herüber. Sie weinte und musste von ihren Töchtern gestützt werden. Wie hatte sie es so lange bei ihrem jähzornigen Mann ausgehalten? Hatte Else ihren Mann geliebt, so wie sie Hanno liebte? Es schien so. Rosi konnte Tante Else verstehen. *Warum waren sie beide nicht in der Lage, sich zu befreien, ließen sich demütigen, sogar schlagen? Was sind das für Männer, die ihre Frauen schlecht behandeln und ihnen nach jeder Eskalation trotzdem versichern, sie zu lieben? Oder umgekehrt: Was sind wir eigentlich für dumme Frauen? Wir lieben unsere Männer, obwohl sie uns schlecht behandeln. Bin ich wie Tante Else?* Beim Anblick der trauernden Witwe traf sie eine Entscheidung. *Nein, so will ich nicht enden. Ich lasse mich von Hanno scheiden.*

Nach der Beerdigung gingen sie mit zum Leichenschmaus ins Restaurant ›Zur Erholung‹. Das Kaffeetrinken ging noch ruhig vonstatten. Doch sobald die voll beladenen Platten mit Zwetschgen- und Schmandkuchen, Gehacktes- und Mettwurstbroten geleert und den Weg in die Mägen der Trauernden gefunden hatten, herrschte eine ausgelassene Stimmung im Saal. Die Männer bestellten die ersten Biere und Schoten aus der Jugend von Fritz Ballhausen machten die Runde.

Wer eine Leiter hinaufsteigen will,
muss bei der untersten Sprosse anfangen.
– Deutsches Sprichwort –

Kapitel 11

Vom Jugendwaldlager aus wollte Schneider gleich nach Gieboldehausen weiterfahren, um mit Josefines Eltern zu sprechen. Er fuhr bis zum Waldrand Richtung Pöhlde. Bei den Windrädern hielt er an, stieg aus, ließ seinen Blick schweifen. *Hmpf! Von hier oben hat man eine wundervolle Aussicht!* Vor ihm erstreckte sich das Pöhlder Becken, ein Urstromtal mit unzähligen Karst-Wanderwegen. *Da muss ich unbedingt langradeln oder mit Mathilde wandern. Man hat das Harzpanorama so wundervoll im Blick. Das wird ihr auch gefallen.* Heute war klare Sicht. Der weiße Ravensbergturm nordöstlich leuchtete ihm entgegen. Er entdeckte auch die höchste Erhebung vom Harz, den Brocken. Ein Eldorado für Wanderer.

»Mathilde, wenn der Fall gelöst ist, werden wir wandern und radeln, hmpf, hmpf. Kannst dich schon mal fit machen«, schniefte er inbrünstig. Er zog sein Handy aus der Tasche, rief Cop an und fragte, ob es neue Ergebnisse von der Kriminaltechnik gäbe. »Noch nichts? Schlafsäcke«, raunte er ärgerlich. »Erkundige dich mal nach dem Leiter des Lagers, Jan-Hendrik Huber. Der scheint immer abwesend zu sein. Ich will alles über ihn wissen!«

»Wird gemacht, Chef!«

Schneider hörte, wie Cop im Büro militärisch die Hacken zusammenstieß. Diesen Jux hatte er sich angewöhnt, immer wenn Schneider ihm befehlsmäßig Aufträge erteilte. Für den Polizeiwachtmeister eine schöne Erinnerung an seine Zeit beim Bundesgrenzschutz auf dem Duderstädter Euzenberg.

»Verrückter Hund!«, bellte der Kommissar ins Handy und klappte die Hülle grinsend zu. Er mochte diesen Polizisten, weil er mitdachte und verlässlich war, und er bewunderte ihn wegen seiner Engelsgeduld mit dem Kollegen Pfützenreuter. *Obwohl auch Fuzzi seine Qualitäten hat,* überlegte Schneider schmunzelnd. *Und sei es nur blöde Fragen zu stellen. So komisch es klingt, aber wenn ich ehrlich bin, haben sie uns schon einige Male auf die richtige Fährte geführt. Wir sind schon ein gutes Team.* Zufrieden setzte er die Fahrt fort. Er drehte das Gebläse auf volle Leistung, um ein wenig Kühlung zu bekommen, da der Dienstwagen über keinerlei Luxus verfügte. Fehlanzeige. Heiße Luft wie aus einem Föhn blies ihm ins Gesicht. Sein Mund war staubtrocken. Er drehte den Schalter zurück und öffnete die Fenster. Der frische Wind war angenehm. *Mathilde würde es nicht dulden,* dachte er. *Mach das Fenster zu! Du kriegst einen steifen Hals!,* würde sie zetern. Gut, dass er allein im Wagen saß.

In Rhumspringe knurrte sein Magen derart laut, dass er beim Edeka anhielt, um in der Bäckerei im Eingangsbereich etwas zu essen und zu trinken. Gestärkt konnte er sich einfach besser konzentrieren. Der Kaffee tat spürbar gut, erfrischte alle Sinne, obwohl ein Eiskaffee sicher erfrischender gewesen wäre. Anschließend kaufte er noch eine Flasche Wasser im Laden, die er gleich hinter der Kasse in einem Zug leerte. Dann schaute er auf die Uhr. »Viertel nach zwei!« Für 14.30 Uhr hatte ihn Cop bei Frau von Düngen angemeldet. Er nahm die Strecke über Rüdershausen durchs Ellertal und hielt pünktlich vor dem Haus. *Protzig,* dachte er beim Anblick des Anwesens. Er schwitzte, fühlte sich schmutzig. *Eigentlich müsste ich vorher duschen, so verschwitzt wie ich bin*, dachte er beim Aussteigen.

Eine ältere Frau öffnete ihm die Tür, als er gerade dabei war, die dunklen Schweißflecken an seinem Oberhemd zu betrachten.

Er räusperte sich. »Guten Tag. Mein Name ist Schneider von der Kriminalpolizei in Duderstadt. Ich möchte Frau Melanie von Düngen sprechen ...« Im letzten Moment unterdrückte er das Schniefen. Zu tief hatte ihn der Anblick der Schülerinnen getroffen, als er vor ihnen die Nase gekraust hatte. Hoffentlich würde sich dieses peinlich berührte Gefühl bald wieder verflüchtigen. Er versuchte selbstbewusst zu wirken, straffte die Schultern.

Die Frau betrachtete ihn von oben bis unten. Ihr Blick blieb an seinen staubigen Schuhen hängen. »Meine Tochter ist im Wohnzimmer. Bitte kommen Sie rein«, sagte sie und trat einen Schritt zur Seite.

Schneiders Blick fiel auf den hochglänzenden Marmorboden, und ehe er einen Schritt in den Flur setzte, trat er seine Schuhe sorgsam auf der Matte ab. Er hatte das Gefühl, dass die Frau ihn sonst auffordern würde, sie auszuziehen. Das musste er unbedingt vermeiden, denn seine Füße steckten schon seit heute früh in den Schuhen, seine Socken waren nass geschwitzt und konnten in keiner Weise mit der Eleganz des Marmorbodens mithalten. Außerdem wollte er nicht Schuld an einer Geruchsvergiftung von Mutter und Tochter sein. Auch ohne die Schuhe auszuziehen, umgab ihn schon eine Duftwolke, die ihm mehr als unangenehm war. Er betrat den Wohnraum und fand Frau von Düngen auf dem Sofa liegend mit rot verweinten Augen. Sie stand nicht auf, sah ihn mit leerem Blick an.

Die Mutter wies ihm einen Platz im Sessel und sagte: »Der Arzt war gerade hier und hat meiner Tochter eine Beruhigungsspritze gegeben. Sie hat mich heute gegen Mittag angerufen und gesagt, dass die Polizei hier war und ihr diese schreckliche Nachricht, dass Josefine tot sei, überbracht hat. Ist es wirklich wahr?«

Schneider nickte und ehe er etwas sagen konnte, fuhr die Frau hektisch fort. »Ich bin sofort ins Auto gestiegen und hergekommen. Ich wohne nämlich in Bad Lauterberg. Ich fahre nicht so schnell, wissen Sie. Es passiert heutzutage so viel auf den Straßen. Ach, was rede ich. Das wissen Sie als Polizist ja viel besser. Jedenfalls brauchte ich fast eine Stunde. Als ich ankam, war meine Tochter in einem schrecklichen Zustand. Ich mache mir ernsthaft Sorgen. Was ist nur passiert? Sind sie sicher, dass unsere Josefine tot ist?«

Schneider nickte wieder und wartete, ob noch ein Redeschwall folgen würde. *Ein bisschen langsamer reden, dafür schneller Auto fahren, wäre sicher gesünder für alle Beteiligten,* dachte er. Als die Frau ihn erwartungsvoll ansah, antwortete er bewusst ruhig. »Ja, wir sind uns sicher. Es tut mir sehr leid, Frau …?«

»Wolkenweber. Ich heiße Wolkenweber!«

»Ah, ja. Mein herzliches Beileid. Wir haben Ihre Enkeltochter«, er wandte sich Frau von Düngen zu, »Ihre Tochter Josefine gestern Morgen an einer alten Dorfstelle zwischen Brochthausen und Hilkerode tot aufgefunden. Da sie keine Papiere, kein Handy oder Ähnliches bei sich trug, hat es länger gedauert, bis die Göttinger Kollegen sie anhand des Kieferabdrucks identifizieren konnten. Hat Josefine bis vor kurzem eine feste Zahnspange getragen?«

Frau von Düngen nickte leicht. Tränen rannen ihr die Wangen herunter. »Ja, sie hatte jetzt so ein schönes Gebiss. Frau Jacobsen, die Kieferorthopädin aus Göttingen, hat sich sehr viel Mühe gegeben«, flüsterte sie.

Dann stand sie langsam auf und holte ein Fotoalbum. Die Mutter wollte ihre Tochter daran hindern, doch Schneider nickte ihr zu, dass es gut sei. Er ließ sich Bilder zeigen und begann ein belangloses Gespräch mit den Frauen. So konnte er sich ein Bild von der Familie machen. Sie erzählten, dass Frau von Düngen und ihr Mann jahrelang experimentiert hatten und ihr Kinderwunsch sich erst durch eine künstliche Befruchtung erfüllte. Nach einer schweren Geburt hielten sie endlich ihre kleine Tochter glücklich in den Armen. Sie verwöhnten sie, lasen ihr jeden Wunsch von den Augen ab. Frau von Düngens Gesicht erhellte sich in der Erinnerung an die kleine Josefine. Mit der Pubertät kamen die ersten Konflikte. Josefine wurde schwierig, aufmüpfig, machte, was sie wollte.

Versonnen schaute Frau von Düngen durch das große Fenster hinaus in den Garten: »Mit dreizehn Jahren hat sie angefangen, mich abzulehnen. Ich bin zur Horrormutter mutiert, und ich weiß bis heute nicht, warum. Mein Mann war immer ihr einfühlsamer Traumvater, obwohl er im eigentlichen Sinn nicht einmal der Vater ist. Es waren ja nicht seine Spermien«, bemerkte Frau von Düngen und ihr Gesicht verzog sich zu einer versteinerten Maske.

War sie eifersüchtig auf ihren Mann?, fragte sich Schneider.

»So schlimm ist es nun auch wieder nicht gewesen«, griff die Mutter ein. »Josefine konnte schwierig sein, aber dann auch wieder sehr einfühlsam und lieb. Die jungen Leute sind eben viel selbstbewusster, als wir es waren. Außerdem habt ihr Josefine verwöhnt. Sie hat immer alles gekriegt. Und wenn nicht, hat sie schon mal den Aufstand geprobt. Klar! Ich hab ja immer gesagt...«

Schneider unterbrach die Mutter und versuchte das Gespräch umzulenken: »Frau von Düngen. Wo ist denn Ihr Mann jetzt? Haben Sie ihn schon benachrichtigt?«

»Ich weiß es nicht und will es auch nicht wissen«, zischte Frau von Düngen und ihre Augen blitzten hasserfüllt.

Oh je, hier hängt der Haussegen schief, aber mächtig, dachte der Kommissar und rieb sein linkes Ohr. Scheinbar hatten ihn diese schweißliebenden Mücken nun an beiden Ohren angezapft. *Mistviecher.*

Frau von Düngen räusperte sich und erklärte: »Mein Mann und ich hatten am Sonntagabend einen schrecklichen Disput. Daraufhin hat er ein paar Sachen gepackt und das Haus verlassen. Nachdem Josi am Montagmorgen in den Bus gestiegen war, bin ich ins Wellness Hotel nach Bad Sachsa gefahren. Ich grübele immer noch darüber nach, warum Josi beim Abschied so nett zu mir war. Sie hat mich in den Arm genommen und versprochen, sich jeden Tag bei mir zu melden. Ihre letzten Worte waren: *Mama, wir beide müssen zusammenhalten*«, erinnerte sich Frau von Düngen und begann erneut heftig zu weinen. »Warum ist sie jetzt tot? Wir waren doch gerade wieder gut miteinander«, schluchzte sie.

»Worum ging es denn in dem Streit mit Ihrem Mann? Hat Josefine von der Auseinandersetzung etwas mitbekommen?«, fragte Schneider.

Frau von Düngen regte sich nicht, starrte hinaus. Sie schien mit ihren Gedanken weit weg zu sein. War das die Wirkung der Beruhigungsspritze?

Schneider hakte noch einmal nach: »Frau von Düngen. Wissen Sie wirklich nicht, wo sich ihr Mann zur Zeit aufhält und wann er zurückkommt?« Die Frau zog die Stirn in Falten, presste die Lippen fest aufeinander. *Dicht gemacht. Mehr kommt heute nicht. Keine Chance,* stellte Schneider fest und atmete heftig aus. Er beobachtete, wie Frau von Düngen und ihre Mutter Blicke wechselten. Diese stumme Kommunikation zwischen Menschen, die sich nahestehen, kannte er nur zu gut. Darum dachte er: *Ich kann jetzt gehen. Aber ich komme wieder, und dann wird unser Gespräch genau an dieser Stelle fortgeführt. Ich will wissen, was zwischen euch vorgefallen ist. Und ich werde es herausfinden.* Der Schnüffler in ihm war geweckt. Er war sich sicher. Todsicher. Da hatte er doch schon ganz andere Nüsse geknackt. Er verabschiedete sich, ließ die Damen sitzen und ging schnüffelnd hinaus. »Hmpf, hmpf.«

Zwanzig Minuten später kam er auf der Dienststelle an. Was er im Waldlager und hier erfahren hatte, musste so schnell wie möglich notiert und an die Stellwand geheftet werden. *Bislang tappe ich total im Dunkeln. Hoffentlich haben Cop und Fuzzi Neuigkeiten.*

Er betrat das Kommissariat und ging erst einmal zur Toilette. Notdürftig wusch er sein Gesicht und ließ das kalte Wasser über die Arme laufen, soweit das Waschbecken mit dem kleinen Wasserhahn es ermöglichte. In seinem Büro hoffte er noch ein frisches Hemd im Spind zu finden. Wenigstens obenrum würde er sich dann besser fühlen. Er klopfte an die Tür von Cops und Fuzzis Dienstzimmer, öffnete sie und lugte durch einen Spalt hinein. Die beiden saßen sich gegenüber, jeder an seinem Schreibtisch. Cop stierte auf den Bildschirm, Fuzzi hatte seine Füße auf den Tisch gelegt und machte Kaffeepause.

»Bin wieder da. In fünf Minuten bei mir« sagte er.

Während Cop nur mit »Okay«, antwortete und kurz hochguckte, erschrak Fuzzi derart, dass ihm, als er die Füße vom Tisch riss, die Tasse aus der Hand glitt und der heiße Kaffee sich über die Hose ergoss. »Scheiß...!«, fluchte er und lief augenblicklich rot an.

»Du scheinst ja hart gearbeitet zu haben. Hab ich dich so aus dem Konzept gebracht?«, fragte Schneider grinsend.

»Nee, nee, Chef. Ich hab nur 'ne kurze Pause gemacht. War heute viel los«, konterte Fuzzi.

»Na dann, bis gleich.«

Der Kommissar ging rüber in sein Büro, fand Gott sei Dank noch ein frisches Hemd zum Wechseln. Nun fühlte er sich schon besser. Er nahm die Zettel von den Schülern aus seiner Aktentasche und legte sie auf den Schreibtisch. »Ihr seid gleich dran, wenn ich mit Cop und Fuzzi fertig bin«, sprach er das von den Schülern beschriebene Papier an. Dann fuhr er seinen PC hoch, um seine Mails zu inspizieren. Es klopfte. »Kommt rein!« In dem kleinen Kühlschrank, den er sich im letzten Sommer geleistet hatte, weil das Wasser, das er sich morgens mitbrachte, am Nachmittag wie eingeschlafene Füße schmeckte, fand er noch ein paar Flaschen alkoholfreies Bier. »Aaah!« Seine Augen leuchteten. Voll Vorfreude auf den kalten Genuss leckte er die Lippen. »Wollt ihr auch eins?«

»Oh, wenn du uns so fragst, Chef. Ich sag nicht nein.«

»Ich auch nicht«, meinte Fuzzi, zog sein Schlüsselbund aus der Hosentasche, nahm Schneider die Flaschen ab und öffnete sie mit seinem Haustürschlüssel. Sie prosteten sich zu. Der erste Schluck war der beste, auch wenn es nur alkoholfreies Bier war, schmeckte es. Prickelnd floss das kühle

Nass ihre Kehlen hinunter, machte frisch und gab neue Energie.

»So, und jetzt an die Arbeit. Was war hier heute los? Haben wir schon Ergebnisse, was den Fall betrifft?«, fragte er fordernd.

»Von dem schweren Unfall heute Morgen hast du nichts mehr mitgekriegt, oder?«, erkundigte sich Fuzzi.

»Unfall?«, hakte Schneider nach.

»Ja, du warst vielleicht fünf oder zehn Minuten weg, da hat es an der Kurve beim Ortsausgang geknallt. Wir haben das bis hier im Büro gehört. Wenn ich mir das recht überlege, musst du dem Wagen noch begegnet sein.«

»Ein beiger Geländewagen?«

»Ja. Ist der dir aufgefallen?«

»Das kann man wohl sagen. Der kam von der Tettelwarte runter mit einem Affenzahn, hat eine ganze Autoschlange, die hinter einem Trecker herfuhr, überholt und mich beinahe über den Haufen gefahren. Ich konnte gerade noch den Wagen nach rechts rüberziehen«, erzählte Schneider.

»Gut zu wissen. Vor dem Ortsschild hat er dann einen Kleinwagen überholt und das Motorrad, dass ihm entgegenkam, aufs Korn genommen. Der Motorradfahrer war sofort tot. Ein zwanzigjähriger Bengel. Eine Tragödie. Der Verursacher liegt schwerverletzt im Krankenhaus. Sie wissen nicht, ob er durchkommt.«

Schneider überlegte. »Habt ihr den Namen von dem Fahrer?«

»Fuzzi, das hast du doch bearbeitet. Liegt sicher noch bei dir auf dem Schreibtisch«, versuchte Cop seinem Kollegen Beine zu machen.

Pfützenreuter erhob sich gequält. »Ja, ich geh ja schon. Sch... Sch... Schuber oder so ähnlich hieß der, glaube ich«, versuchte er sich zu erinnern.

»Schuber? Oder hieß der Huber?«, fragte Schneider nach.

Fuzzi verschlug es die Sprache. »Ja stimmt, so heißt der. Chef, kannst du hellsehen? Woher weißt du das?«

»Das ist ja interessant«, meinte Cop und grinste wissend.

Schneider kratzte seine beiden Ohrspitzen, die immer noch fürchterlich juckten, und nickte. »Genau. Das ist der Heimleiter vom Waldjugendlager. Scheint immer auf der Flucht zu sein. Hat einen schrecklichen Fahrstil. Eigentlich untypisch für Ökofritzen«, sinnierte er.

»Ich sollte den doch checken. Hier!«, meinte Cop und reichte Schneider einen Aktendeckel. »Nichts Auffälliges. Ledig, Anfang vierzig, wohnt in Pöhlde. Hat Pädagogik und Ökologie in Göttingen studiert. Ist Förster und Jäger, in der Freizeit Angler. Der hat wohl sein Hobby zum Beruf gemacht. Ein paar Strafzettel hat er wegen zu schnellen Fahrens. Ansonsten nichts.«

»Hmpf. Ich muss ihn trotzdem sprechen. Da passt einiges nicht.«

Fuzzi wog den Kopf hin und her. »Das wird wohl nicht gehen. Die haben ihn notoperiert und ins künstliche Koma versetzt. Vielleicht hast du ja morgen Glück.«

»Okay. Gibt´s sonst noch was?«

»Ja, die Gerichtsmedizin hat den Bericht geschickt. Danach ist das Mädchen nicht erwürgt worden, sondern durch einen Genickbruch gestorben. Also, sie ist zuerst gewürgt und dann irgendwie weggestoßen worden und unglücklich aufgeschlagen, wenn ich das richtig interpretiere. War aber keine Wunde am Kopf. Sie ist auch nicht vergewaltigt worden, war aber nicht mehr Jungfrau. Hier!« Cop reichte Schneider den nächsten Aktendeckel. »Außerdem ist der Fundort definitiv nicht der Tatort. Der Todeszeitpunkt wird um Mitternacht, von Mittwoch auf Donnerstag, angegeben.«

Schneider nahm den Aktendeckel, legte ihn zu dem anderen, ging zur Stellwand und notierte die Ausführungen seines Kollegen.

»Hmpf. Guck ich mir nachher genauer an. Sonst noch was?« Er schaute von einem zum anderen. »Wenn nicht, dann arbeite ich jetzt die Aussagen der Schüler durch. Macht ihr beiden mal Feierabend. Wir sehen uns morgen.«

»Morgen? Am Samstag?« Fuzzis Augen weiteten sich. »Da wollte ich zum Fußballgucken nach Bremen fahren. Ich hab Karten.«

Der Kommissar zog die Schultern hoch und die Hände auseinander. »Job ist Job. Wir haben einen Fall. Tut mir leid, Fuzzi.«

Der Wachtmeister blies die Backen auf und trat ans Tischbein. »Warum immer am Wochenende? Scheiß Job!«, schimpfte er und schob den Stuhl ein wenig zu heftig gegen den Tisch. Die leeren Bierflaschen fielen scheppernd um. »Tschuldigung. Okay, bis morgen«, grunzte er in seinen Bart, hob die Flaschen auf und verließ mit hängenden Schultern den Raum.

»Der kriegt sich schon wieder«, versuchte Cop den Kollegen in Schutz zu nehmen.

»Ja, ich weiß. Mach dir einen schönen Abend.«

Bedenke: Ein Stück des Weges liegt hinter dir,
ein anderes Stück hast du noch vor dir.
Wenn du verweilst, dann nur, um dich zu stärken,
aber nicht, um aufzugeben.
– Aurelius Augustinus –

Kapitel 12

Samstag, 6. Juli

Gut ausgeruht erschien Schneider am Samstagmorgen auf dem Revier. Er fühlte sich voll in seinem Element. Seine Hände und das Herz waren ruhig und der Fall mauserte sich zu einer interessanten Herausforderung. Sein Schnüffeltrieb war angestachelt. Es gab viele Möglichkeiten, wie und warum Josefine von Düngen hatte sterben müssen. Liebe, Eifersucht, Neid, Verrat waren nur einige. *Es wird spannend,* frohlockte Schneider, als er grübelnd vor der Stellwand stand und seine gestrigen Überlegungen ins Gedächtnis rief. Fuzzi und Cop hatte er angewiesen, die Briefe der Schüler auch zu lesen und Ungereimtheiten und konträre Aussagen zu finden. Das war ihm wichtig, um sich selbst zu überprüfen. Sie durften nichts übersehen! Cop und Fuzzi hatten eine andere Sicht auf die Dinge. *Im Team kommt immer mehr raus,* war seine feste Überzeugung. Ihm passierten ja auch Fehler. Aber solange ihm das bewusst war, war es in Ordnung. Die Göttinger waren da selbstherrlicher. Darum auch nicht so erfolgreich, glaubte er zumindest.

Um elf fuhr er ins Krankenhaus. Er hoffte, dass der Lagerleiter ansprechbar war. An der Pforte grüßte ihn die junge Dame freudig. »Hallo, guten Morgen Herr Schneider! Wen wollen Sie denn besuchen?«, fragte sie vertraut. Der Kommissar schniefte verlegen. Irgendwoher kannte er die Frau. War sie mit seiner Tochter befreundet? Wie hieß sie nur? Ihm fiel der Name nicht ein. Viele kannten ihn, aber er vergaß schnell deren Namen, wenn sie nicht unmittelbar mit einem Fall zu tun hatten. *Mein Gehirn unterscheidet eben Wichtiges von Unwichtigem,* erklärte er oftmals Mathilde, wenn sie ihn schalt, dass er ihre Freundinnen nicht mit Namen ansprechen konnte. Die waren einfach nicht wichtig für ihn.

»Hmpf, äh«, räusperte er sich. »Ja, ich wollte zu Jan-Hendrik Huber. Der ist gestern hier eingeliefert worden. Können Sie mir sagen, wo ich ihn finde?«

»Ah ja, sicher. Moment.« Sie tippte den Namen ein, schaute auf den Bildschirm. »Herr Huber liegt noch auf Intensiv. Sie wissen, wo das ist?« Er nickte. »Sie müssen an der Tür oben klingeln. Dann kommt jemand raus und wird Ihnen weiterhelfen.« Sie lächelte ihn an.

»Danke!«, sagte er und lächelte zurück.

»Ach!«, rief sie hinter ihm her. »Grüßen Sie Thomas von mir! Den hab ich lange nicht gesehen!«

»Mach ich! Klar!« Er hob die Hand. *Aha, eine Bekanntschaft von unserm Sohnemann,* dachte er und stieg die Treppenstufen hinauf.

Als er den Flur entlang Richtung Intensivstation ging, stutzte er. Vor der Tür lief ein Jugendlicher konfus hin und her. Er schien nachzudenken, was er tun sollte; bleiben oder weggehen?

Moment. Das ist doch einer von den Schülern, dachte Schneider. »Ach, guten Tag«, begrüßte er den jungen Mann. »Du bist – Moment – gleich hab ich´s.« Er zeigte mit dem Finger auf ihn. »Fabian, stimmt´s?«

Der Junge lief rot an. »Ja.« Mit dem Fuß wischte er verlegen am Boden.

»Liegt von deinen Angehörigen jemand auf Intensiv?«, erkundigte sich Schneider mitfühlend.

Fabian schüttelte den Kopf. »Ich, ich wollte fragen, wie es Jan-Hendrik, äh, wie es Herrn Huber geht«, antwortete er kleinlaut.

Der Kommissar registrierte es neugierig. »Das wollte ich auch. Hast du schon geklingelt?«

»Ja, aber die wollen mich nicht zu ihm lassen. Ich bin kein Angehöriger, haben sie gesagt.«

»Hm. Das stimmt. Da könnte ja jeder kommen. Machst du dir Sorgen um Herrn Huber? Kanntest du ihn denn schon vor eurem Lager?«

Erst nickte Fabian, dann schüttelte er den Kopf. »Deute ich das richtig? Du machst dir Sorgen, aber hast Herrn Huber erst im Lager kennengelernt?«

»Ja.«

»Dann muss er ja ein richtig guter Lagerleiter sein«, stellte Schneider fest, nickte anerkennend und schürzte dabei die Lippen.

Er drückte den Klingelknopf. Nach einer Weile öffnete ein Pfleger die Tür. »Bitte schön. Was gibt's?«

Der Kommissar zog seine Dienstmarke aus der Tasche und hielt sie dem Krankenpfleger hin.

»Ich möchte zu Herrn Huber. Ist er schon ansprechbar?«

Der Pfleger schaute zurück in den Intensivbereich.

»Moment«, wandte er sich an den Kommissar. »Da muss ich erst den Arzt fragen. Bitte warten Sie hier.« Er schloss die Tür und verschwand.

Schneider rieb sich das Kinn. »Warte hier, Fabian. Wenn ich wieder rauskomme, kann ich dir sagen, ob es Herrn Huber besser geht. Hmpf. Falls sie mich überhaupt reinlassen.«

Ein dankbares Leuchten erhellte Fabians fahles Gesicht.

Na, hat der Bengel den Huber zum Idol erkoren, ein jugendlicher Schwarm? Möglich. Vielleicht steckt auch was ganz anderes dahinter. Den Gedanken würde er weiter verfolgen.

Die Tür öffnete sich. Der Pfleger ließ Schneider eintreten und übergab ihm einen grünen Schutzkittel und eine Haube.

»Fünf Minuten, mehr nicht, hat der Doktor gesagt. Kommen Sie.«

Schneider kam sich in seinem Outfit vor wie ein Mensch zu Besuch auf einem anderen Planeten, folgte dem Pfleger mit mulmigem Gefühl. Die Türen zu den Patientenzimmern standen offen. In den Betten lagen verkabelte Menschen an Schläuchen, allesamt mit hellblauen Krankenhaushemdchen und weißen Thrombose-Strümpfen bekleidet. Es piepste, gluckste, man hörte Blutdruckgeräte sich aufpumpen, zwischendurch Stöhnen, Wimmern. Dazwischen lief das Pflegepersonal eilig von Raum zu Raum, kontrollierte die Infusionen und Bildschirme, gab Spritzen, leerte Blut- und Urinbeutel. Eine Hektik, die im krassen Gegensatz zu den Patienten in den Betten stand. Hilflos lagen sie da, ausgeliefert. Und doch durften sie die Hoffnung auf Leben nicht aufgeben, denn Ärzte, Schwestern und Pfleger leisteten hier unermüdlichen Einsatz. Niemand sollte hier sterben. Dafür kämpften sie!

Schneiders Hals wurde trocken. Er schluckte. Hier würde er nicht arbeiten können. Gut, dass es solche Menschen gab, die ihr Leben dem Leben der anderen widmeten. Widmete er sein Leben den Toten?

»Hier, bitte.« Der Pfleger wies ihm ein Bett.

Vorsichtig trat Schneider näher. Am Fußende hing das Namensschild: ›Jan-Hendrik Huber‹. Vom Patienten war fast nichts zu sehen. Sein Kopf war sturzhelmartig verwickelt. Nur die Augen, die Nasenspitze und die Mundöffnung, aus der ein Beatmungsschlauch hing, waren sichtbar. Der Körper schien in einer Schale zu liegen, die es Huber unmöglich machte, sich zu bewegen. Die Arme waren verwickelt und fixiert.

Eine lebende Mumie, dachte Schneider und wäre am liebsten hinaus gelaufen. Dieser Anblick erschien ihm schlimmer als der Anblick eines Toten. Er gab sich einen Ruck und versuchte mit freundlicher Stimme zu sprechen: »Guten Tag, Herr Huber. Mein Name ist Schneider von der Kriminalpolizei. Können Sie mich verstehen?«

Der Angesprochene blinzelte.

»Sie hatten einen schweren Unfall. Erinnern Sie sich?«

Wieder schloss und öffnete Huber die Augen.

»Gut, das machen Sie wirklich gut. So können wir uns verständigen. Ich hoffe, sie werden sich bald erholen. Über Ihren Unfall am Freitag reden wir ein andermal, wenn es Ihnen wieder besser geht.«

Schneider holte tief Luft. Was wollte er den Lagerleiter eigentlich fragen? Wie konnte er ihm etwas entlocken, ohne dass er sprach? Er legte sich die Fragen im Kopf zurecht.

»Herr Huber. Sie sind der Leiter vom Waldjugendlager im Rotenberg?«

Huber nickte.

»Draußen vor der Tür steht ein junger Mann aus der Klasse von Herrn Stakenbrück. Fabian heißt er. Kennen Sie ihn?«

Die Augen von Huber blitzen unruhig nach rechts und links. Was hatte das zu bedeuten? Warum reagierte Huber nervös? Interessant. Die Geräte über dem Kranken fingen an zu piepsen.

Eine Schwester eilte herbei, fragte: »Ist alles in Ordnung?« Huber nickte. Die Schwester wandte sich Schneider zu: »Sie dürfen den Mann nicht aufregen!«

»Ja, das weiß ich. Ich bin gleich fertig«, versuchte der Kommissar sie zu beruhigen. Dann sprach er Huber an: »Der Junge ist ziemlich erschrocken, wegen Ihrem Unfall. Er macht sich Sorgen. Soll ich ihm einen Gruß bestellen?«

Huber nickte kaum merklich.

»Okay. Kennen Sie ihn vom Lager oder schon länger?« Schneider las ein entschiedenes ›Nein‹ an der Mimik ab.

»Ich glaube, Sie haben Fabian sehr beeindruckt. Sie scheinen ein guter Waldpädagoge zu sein. Gut, dann bestell ich dem Jungen liebe Grüße. In Ordnung?«

Nicken, dann schloss Huber die Augen. Schneider sah, dass Tränen an der Wange hinunterflossen. Der Pfleger kam herein. »Die fünf Minuten sind um, Herr Kommissar!«

Nur wer sein Ziel kennt, findet den Weg.
– Laotse –

Kapitel 13

Schneider wollte gerade den Motor starten, da klingelte sein Handy. Die Dienststelle.

»Was gibt's?«

»Hallo Chef. Wir haben den nächsten Toten. Kam gerade eine Meldung von den Gieboldehäuser Kollegen. Da hat ein Mann angerufen und gesagt, dass bei den Teichen, Richtung Bilshausen, auch am Rotenberg, ein Mann aufgehängt an einer Buche baumelt. Ich hab schon alles weitere in die Wege geleitet.«

Schneider schniefte. *Noch ein Fall?* »Hmpf. Weiß man schon, wer das ist?«

»Nee, der Mann kannte ihn nicht, ist mit seinem Hund spazieren gegangen. Und die Kollegen sind erst auf dem Weg.«

»Gut, dann fahr ich auch los. Wo ist das genau?«

»Du fährst nach Gieboldehausen, die Umgehungsstraße Richtung Herzberg. An der Kreuzung Richtung Bilshausen biegst du ab. Danach sind es noch ungefähr anderthalb Kilometer. Rechts sollte ein asphaltierter Weg reingehen. Ist übrigens auch eine Wüstung: ›Klein Thiershausen‹. Gibt's da einen Zusammenhang? Die Teiche dort werden vom Angelsportverein Gieboldehausen gepflegt und genutzt.«

»Danke Cop! Bin unterwegs. – Hmpf! Moment! – Was ist mit den Schülerbriefen? Habt ihr die durchgeguckt? Wer war mit Josefine am Mittwoch zusammen, an welchen Ecken im Wald, wen hat sie gesehen oder getroffen? Gibt es da widersprüchliche Aussagen? Und checkt noch mal die beiden Lehrer. Außerdem müssen wir wissen, wer in den letzten Tagen im Wald gearbeitet hat. Und wo! Haben die was gesehen, gab es Kontakte zu den Schülern... ? Ihr wisst schon. Und melde dich, wenn´s was Neues gibt.«

»Sollen wir die Nacht durchmachen? Es ist Wochenende! Aber okay. Wir versuchen uns durch die Briefe zu beißen. Manche haben Romane geschrieben. Und wie die heißen: Lea, Lina, Alina, Nina, Sina. Wie soll man die auseinanderhalten? Fuzzi kriegt ´ne Krise. Er meint, es müsste verboten werden, Kindern so schreckliche A-Namen zu geben.«

Schneider lachte: »Ja, ist mir auch aufgefallen. Aber ihr macht das schon, hmpf.«

Mit einem guten Gefühl im Bauch trat er aufs Gas und brauste los. *Zwei Fälle. Hmpf. Wochenlang nichts und dann gleich zwei Tote.* Er dachte nach. *›Hängen beide Fälle zusammen? Josefine von Düngen kommt aus Gieboldehausen. Zufall? Möglich. Aber wieso schon wieder eine Leiche an einer Wüstung? Hat das was zu bedeuten? Hmpf hmpf. Fragen über Fragen.*

Der Kommissar versuchte sich auf den Verkehr zu konzentrieren. Als er von der B 27 auf die L 247 Richtung Northeim abbog, fiel ihm noch etwas auf: *Eigenartig. Auch hier ist die Grenze zu meinem Revier und die Leiche liegt auch am Fuß des Rotenberges. Dieser Gebirgszug, der sich im Osten bei Bockelnhagen erhebt und westwärts bis nach Wulften streckt, ist anscheinend nicht nur geschichtsträchtig, sondern auch mordsträchtig. Ob Mord oder Selbstmord, egal. Seltsam ist es auf jeden Fall.*

Er blickte auf den Kilometeranzeiger. Nach tausendfünfhundert Metern entdeckte er rechts den Weg. Er blinkte, bog ab. Hinter dem ersten Teich fuhr er an einem dunkelgrünen, aber total verstaubten BMW Allrad und einem kleinen Fiesta vorbei, die am Wegrand im Gras parkten. War eins davon das Auto des Toten? Anhand der Autonummer würden sie die Eigentümer ausfindig machen. Ein paar hundert Meter weiter standen die Kollegen und auch der Notarztwagen. Er fuhr rechts ran und stieg aus.

Wachtmeister Kowalski kam auf ihn zu.

»Tag Herr Schneider.« Er reichte dem Hauptkommissar die Hand. »Raten Sie mal, wer sich da aufgeknüpft hat.« Er machte eine Pause und schüttelte den Kopf. »Tragisch, tragisch.«

»Hmpf, hmpf«, sog Schneider die Luft ein. »Wenn Sie das so sagen, ist es wohl einer von Düngen. Der Vater von Josefine?«

Kowalski nickte. »Ja, Adalbert von Düngen. Der ist hier Mitglied beim Angelsportverein. Tragisch! Kommen Sie.«

Er ging voraus über einen grasbewachsenen Damm, der zwei Teiche voneinander trennte. Auf der anderen Seite lud eine Grillhütte zum Verweilen ein. Sie stand etwas erhöht am Hang, der mit stattlichen Buchen bewaldet war. Bänke säumten die Teichanlage.

Schneider schaute sich um. Ein idyllischer Ort. »Ein friedlicher Platz zum Entspannen und Genießen. Warum bringt sich hier jemand um?«, fragte er Kowalski.

»Wegen der Tochter? Finden Sie es raus, Herr Kommissar.«

Im nächsten Moment erblickte Schneider den Strick, an dem der Mann hing. Ihm lief ein Schauer über den Rücken. Er hatte sich eine wundervoll gewachsene alte Buche ausgesucht. Oder hatte das jemand anderes getan? Hatte ihn jemand umgebracht und dann aufgeknüpft? *Kommt selten vor, aber unmöglich ist es nicht.* Schneider hing seinen Gedanken nach, als die Kriminaltechniker angefahren kamen. Sie schlüpften in Schutzanzüge und stapften wie Mondmenschen auf sie zu.

»Warum ist hier noch nichts abgesperrt?«, ärgerte sich einer der Vermummten.

»Weil dazu noch keine Zeit war«, konterte Kowalski. »Außerdem ist hier niemand, nur der Mann, der ihn gefunden hat.«

Unten am Teichufer sah Schneider einen älteren Herrn sitzen. Er hielt eine dackelähnliche Promenadenmischung an der Leine, die sogleich knurrte, als er sich näherte. »Aus Bubi!« Die Stimme des Mannes hätte auch einen großen Wachhund zum Schweigen gebracht, so tief und überzeugend war sie, ohne jedoch böse zu klingen. Der Hund legte sich augenblicklich zwischen die Füße des Mannes und blickte ihn gehorsam an.

»Gut erzogen«, lobte Schneider, stellte sich dem Mann vor und fragte nach seinem Namen.

»Anton Strüber aus Bilshausen«, antwortete der Angesprochene. Er suche sich fast täglich schöne Wege zum Spazieren gehen. Hier am Wasser und unter den Bäumen sei es auch bei der Hitze angenehm. »Ich komme immer wieder gern her, wegen des interessanten Waldes, der großen Artenvielfalt von Pflanzen und Tieren«, erklärte er.

»Ja, da haben Sie recht. Ein wunderschöner Platz. Hier kann man sicher gut wandern.«

»Oh ja! Wenn sie den Weg weitergehen, kommen Sie oben auf den Fastweg, ein uralter Weg. Ursprünglich hieß er ›Firstweg‹, weil er auf dem Kamm des Berges entlangläuft. Mit den Jahrhunderten ist daraus ›Fastweg‹ geworden. Nicht dass Sie denken, Sie müssen fasten, wenn Sie den Weg entlanglaufen.« Er schmunzelte. »Diese alte Handelsstraße wurde von der Bronzezeit bis weit ins Mittelalter benutzt und verband die Königshöfe von Pöhlde und Northeim miteinander.« Herr Strüber schien in seinem Element zu sein.

»Sehr interessant. Sagen Sie mal, Herr Strüber, waren Sie Lehrer von Beruf?«, erkundigte sich Schneider mit einem Lächeln auf den Lippen.

»Merkt man das immer noch?«, fühlte sich Strüber ertappt. »Meine Frau und meine Kinder sagen mir das fast täglich. Einmal Lehrer, immer Lehrer«, grinste er und kratzte sich verlegen am Kopf.

»Also ich fand Ihre Ausführung wirklich interessant. Sie haben den Kindern sicher viel beigebracht. Vielleicht komme ich nochmal privat auf Sie zu. Meine Frau und ich wandern gern. In dieser Gegend war ich noch nie, obwohl ich wasch-echter Eichsfelder bin und mich eigentlich in der Heimat aus-kennen sollte. Aber für Duderstädter ist der Westerturm die Richtschnur. Wenn man den nicht mehr sieht...« Schneider lachte. »Ich freue mich darauf. Sie können uns bestimmt einiges zeigen.«

»Ich nehme Sie beim Wort, Herr Kommissar. Hand drauf.« Strüber reichte Schneider die Hand und der Kommissar schlug ein.

»Aber jetzt hab ich noch ein paar Fragen zu dem Mann, den Sie gefunden haben.« Schneider zeigte auf den Erhängten, den die Beamten gerade abgenommen hatten. »Kannten Sie den Mann? Als Sie hier ankamen, ist Ihnen da jemand begegnet? Ein Auto vielleicht? Oder ist Ihnen irgendetwas aufgefallen, was anders war als sonst?«

»Nein, alle Fragen kann ich nur mit einem ›Nein‹ beant-worten. Der BMW da vorn stand schon da. Sonst hab ich nie-manden gesehen. Mich hat eigentlich nur ein Eichelhäher auf den Erhängten aufmerksam gemacht. Er flog kreischend in die Buche, und ich hab hingeguckt. Sonst wäre ich wahrscheinlich vorbeigegangen. Vom Weg aus ist die Stelle ja nicht gut einzu-sehen.«

»Da haben Sie recht«, nickte Schneider. Man musste schon genau hinschauen oder erst auf die andere Seite des Tei-ches gehen. Also konnte der Mann schon länger dort hängen, ohne bemerkt zu werden. Schneider bedankte sich bei Herrn Strüber und ließ sich seine Adresse und Telefonnummer geben. »Können Sie am Montag zu uns nach Duderstadt aufs Revier kommen, damit wir ihre Aussage zu Protokoll nehmen können?«

»Natürlich. Ich hätte Ihnen gern mehr geholfen.« Strüber zuckte die Achseln und verabschiedete sich.

Ich bin gespannt, was der Doktor meint. Ob er schon sagen kann, wann der Tod eingetreten ist? Gibt es einen Abschieds-brief?

Dass es Selbstmord war, schien Schneider am wahrscheinlichsten. Trotzdem musste das genau geklärt werden.

Wie erwartet machten der Doktor und auch die Techniker nur vage Aussagen. Sie waren sich aber einig, dass momentan nichts auf Mord hindeutete, sondern dass sich Herr von Düngen heute Morgen selbst das Leben genommen hatte. Hinter der Buche lag die Leiter, auf der von Düngen in den Baum gestiegen war und sie dann umgestoßen hatte. »Er brauchte sie nicht mehr«, vermutete ein Techniker.

»Ja, das denke ich auch. Der Mann setzte sich auf den starken Ast, befestigte das Seil daran, legte sich die Schlinge um den Hals und sprang. Durch den heftigen Ruck brach er sich das Genick. Der Tod ist schnell eingetreten«, ergänzte der Arzt. »Das ist übrigens ein ganz normales Abschleppseil. So eins, was man im Auto liegen hat.«

»Hmpf, hmpf.« Schneider sah sich schnüffelnd um. Ihm fehlte was. Auf dem Tisch in der Grillhütte fand er, wonach er gesucht hatte. »Aha. Da ist er ja, der Abschiedsbrief.« Unter einem dicken, runden Stein liegend war das Papier kaum zu sehen. Schneider zog sich Handschuhe an, nahm den Brief, entfaltete ihn und las:

Ich beende mein Leben, weil es keinen Ausweg mehr gibt.
Ich hoffe auf Vergebung. Gott möge mir verzeihen.
Mir wurde das Liebste genommen. Was macht jetzt noch Sinn?
Du lässt mich nicht leben, wie ich es will. Soll rackern und
schaffen, alles geben und mich für dich verbiegen.
Nein, ohne mich. Ich ziehe einen Schlussstrich.
Ohne Groll lasse ich dich zurück, meine Liebe.
Werde selig mit dem Pomp.
Mein besonderer Dank gilt Henne. Du kannst nichts dazu.
Hast alles versucht. Mach dir keine Vorwürfe. Es war eine
schöne Zeit mit dir. Aber für uns hat es nie wirklich eine
Zukunft gegeben. Leider.

Adalbert von Düngen

Nachdenklich hielt der Kommissar den Brief in der Hand. *Seltsam. Wer ist Henne? Komischer Name. Welche Frau will sich so rufen lassen? Den Text muss ich noch ein paar Mal lesen,* dachte er, zog sein Handy, machte ein Foto und übergab den Brief den Kollegen zur Untersuchung.

Als er sich verabschieden wollte, fiel ihm noch etwas ein. »Kowalski!«, sprach er den Gieboldehäuser Kollegen an. »Bitte unterrichten Sie Frau von Düngen vom Tod ihres Mannes. Ich weiß, das ist die zweite Hiobsbotschaft, die Sie ihr überbringen, aber...« Er wandte sich schnell achselzuckend ab und überließ Kowalski seinem Schicksal. Auch wenn er sich nicht noch einmal zu ihm umdrehte, wusste er genau, dass der Polizist ergeben in sich zusammenfiel. »Ich werde später mit ihr reden!«, rief er noch und stieg in seinen Wagen.

Auf dem Revier angekommen, fühlte der Hauptkommissar die Wochenendstimmung. Die Einsatzwagen standen draußen in Habachtstellung. Einige würden zwar am Abend und in der Nacht auf Streife sein, um vor Diskos und Kneipen ihre Anwesenheit zu demonstrieren, die anderen aber würden erst Montag in der Früh, wenn der Berufsverkehr einsetzte, benutzt werden. Die Wache unten war besetzt, aber im 1. Stock, wo sich die Büros der Innendienstmitarbeiter befinden, herrschte gähnende Leere. Nur aus Cops und Fuzzis Zimmer hörte er Helene Fischer den Song: ‚Und morgen früh...‘ singen. Er öffnete schnüffelnd die Tür, sah Cop stimmungsvoll summend mit einer imaginären Tanzpartnerin um den Schreibtisch tanzen.

»Hmpf, hmpf. Könnt ihr das mal ausmachen? Ist ja wie zuhause bei Mathilde.«

Von dem Gesang unangenehm berührt, rubbelte sich Schneider die Ohren, so als wolle er die Musik darin abschalten und trat ein.

»Ein bisschen Wochenende könntest du uns wenigstens gönnen«, entgegnete Cop und drückte missmutig den

Aus-Knopf. Samstagabends fuhr er sonst mit seiner Lebensgefährtin zum Discofox-Tanzen nach Göttingen ins Exil. Aber daraus würde heute leider nichts werden. Schlimm genug.

Fuzzi hingegen begrüßte ihn erlöst: »Endlich, Chef. Ich krieg hier ´ne Krise. Dieses Disco-Gehämmer ... bumm, bumm, bumm ... geht mir so was von auf den Keks.«

Grinsend schaute Cop ihn an. »Gut, dass ich der Oberwachtmeister bin und nicht du. Wenn´s nach dir ginge, liefe bestimmt der ›Holzmichel‹ in Dauerschleife.« Er hob die Arme und schmetterte: »Ja, er lebt noch, er lebt noch, er lebt noch...!‹«

Fuzzi griff nach einem Kuli und pfefferte ihn rüber.

»Nun ist es aber gut! Hmpf. Zurück an die Arbeit«, versuchte Schneider das kleine Intermezzo zu beenden. Seine Stimmung stand in völligem Gegensatz zu den beiden. Er hatte den Kopf voller Gedanken, und ehe er nicht alles schriftlich fixiert hatte, konnte er sich nicht ablenken lassen. Jeder Gedanke war wichtig. Nichts durfte ihm entgehen. Hätte er Feierabend, würde er Bruce Springsteen hören, wenn er allein wäre. *Ja, so verschieden sind die Menschen.* »Kommt mit euren Ergebnissen rüber, wenn ihr so weit seid«, sagte er, ging in sein Zimmer und pfiff den Refrain von: ›I'm On Fire‹.

Er nahm Zettel und Stift und schrieb darauf: ›Adalbert von Düngen, erhängt am 6. Juli morgens in der Früh‹. Den Zettel pinnte er zu den anderen an die Stellwand. Danach zog er das Foto vom Abschiedsbrief auf seinen PC, druckte ihn aus und legte ihn vor sich auf den Tisch. Zwei Mal las er ihn laut vor. Diese Arbeitsweise half ihm oft, etwas, was er nicht verstand, zu begreifen. Wenn er die Worte hörte, nahm er sie intensiver auf.

»Mir wurde das Liebste genommen ...«, las er und fragte sich: *Ist damit Josefine, seine Tochter, gemeint? Sagte seine Frau nicht, dass er sie vergöttert und verwöhnt hat? Dann fällt von Düngen als Täter wohl aus. Oder meinte er damit eine Geliebte, die sich von ihm getrennt hat? Nein, die Geliebte muss Henne* sein. *Aber wer ist ›das Liebste?‹ Ich denke, das ist Josefine*, entschied er und sprach den letzten Satz besonders laut, weil er ihm wichtig schien. »Für uns hat es nie eine Zukunft gegeben ...«

In diesem Moment betraten Cop und Fuzzi den Raum. Sie zogen eine Stellwand hinter sich her.

»Haben wir was falsch gemacht? Willst du uns kündigen?«, fragte Cop und spielte auf das Gesagte an.

Schneider blickte irritiert auf. »Verrückter Hund! Hmpf, hmpf.« Er schniefte und krauste seine Nase. »Das steht in dem Abschiedsbrief von dem Düngen.« Er stand auf und heftete die Briefkopie an seine Stellwand. »Lest das mal und sagt mir, was ihr davon haltet. Wer ist da gemeint?«

Die beiden traten heran. »Au! Stehst du gut?«, rief Cop, als Fuzzi ihm auf den Fuß trat.

»Sorry, dann lies eben du zuerst.« Fuzzi zog sich schmollend zurück.

Schneider schüttelte den Kopf. *Kindsköpfe.*

Nachdem beide fertig waren, meinte Fuzzi siegessicher: »Ist doch klar. ›Du lässt mich nicht leben...‹ Damit ist seine Frau gemeint. Sind ja schon lange verheiratet. ›Das Liebste‹ ist bestimmt die Tochter und ›Henne‹ seine Neue.«

Cop nickte. »Ja, so sehe ich das auch.«

Der Hauptkommissar presste die Lippen zusammen und nickte. »Denke ich auch. Also müssen wir diese Henne finden.«

»Ich übernehme das gleich Montag, gluck, gluck«, grinste Cop.

»Gut. Haben die Techniker im Jugendlager was gefunden?«

Cop nickte: »Der Bericht ist da, wenig Anhaltspunkte. Blutspuren gab es eh nicht. Da konnten sie nichts untersuchen. Auch die Suche nach dem Handy war nicht erfolgreich. Weder im Lager noch in Ankerode. Unauffindbar. Entweder hat sie das verloren oder der Täter hat es. Wir haben versucht, es orten zu lassen. Nichts. Wahrscheinlich ausgeschaltet oder zerstört. Ansonsten ist den Technikern aufgefallen, dass hinter dem Speisesaal ein Fahrrad steht. Aber die Spuren deuten darauf hin, dass da noch eins gestanden haben muss.«

»Hmpf. Kann man eine Tote auf dem Fahrrad transportieren? Wie sieht´s mit den Schülerbriefen aus?«

Die beiden Wachtmeister schoben ihre Stellwand neben die andere. Schneider kratzte sich und inspizierte die Arbeit der Kollegen. Sie hatten die Briefe der Schüler nach männlich und weiblich sortiert, rechts und links am Rand angeheftet. In der Mitte hing ein Foto von Josefine. Verschiedenfarbige Pfeile zeigten sowohl die Sympathien als auch Antipathien der KlassenkameradInnen zu dem Mädchen, aber auch untereinander. Wer stand mit wem wie oft in Verbindung? Auf der Rückseite der Stellwand hing eine Karte vom Jugendwaldlager und der Umgebung, in der die Schüler während der Woche gearbeitet hatten. Hier hatten Cop und Fuzzi Spickzettel angeheftet, aus denen ersichtlich wurde, wo sich Josefine an den verschiedenen Tagen zum Arbeiten aufgehalten hatte und wer bei ihr war.

»Sehr gute Arbeit. So kann´s weitergehen«, lobte Schneider und war ziemlich beeindruckt. »Wo fangen wir an?«

Sie arbeiteten sich durch Beziehungen, Streitereien, Mobbing. Szenarien, die in Schulklassen von Jugendlichen vorkommen. Daraus ergaben sich Fragen, denen sie auf den Grund gehen mussten.

War die Freundschaft von Mandy und Josi so eng, wie Mandy ihnen versicherte? Die Mädchen kamen aus unterschiedlichen Verhältnissen, und es klang bei mehreren Aussagen der anderen Schüler an, dass Mandy unter der Freundin litt, weil Josefine sie von oben herab behandelte.

Waren Neid oder Eifersucht mögliche Mordmotive? Wenn ja, musste sie Komplizen haben. Wer hätte ihr helfen können, die Tote nach Ankerode zu schaffen? Kannte diesen Ort überhaupt jemand von ihnen? Warum hatte der Mörder oder die Mörderin sie nicht im Wald liegen gelassen oder verscharrt? Weitere Fragen taten sich auf. Zum Beispiel hatte kein Schüler aufgeschrieben, warum Josi mit Dirk Schluss gemacht hatte. Schwelte die Entscheidung schon länger in Josis Kopf, oder hatte es im Lager einen Vorfall gegeben, von dem niemand etwas wusste? Kam Dirk als Täter in Frage? Hatte er Komplizen?

Dass Betty Kleinschmitt es auf Thomas Stakenbrück abgesehen hatte, nahmen Schneider und seine Kollegen zwar zur Kenntnis, verfolgten die Sache aber nicht weiter. Eine Schlüsselrolle allerdings könnte Huber, der Lagerleiter spielen. Und Fabian? An dem Verhältnis der beiden würden sie dranbleiben. Hatte Josi gegen sie etwas in der Hand gehabt? Erpressung ist ein starkes Motiv.

Die Schüler waren während der Woche im Umkreis von mehr als zwei Kilometern rund ums Lager im Einsatz gewesen. Schneider überlegte, ob der Mord im Lager oder an einem dieser Orte stattgefunden hatte. Er verwarf den Gedanken gleich wieder, da Josefine beim abendlichen Treffen ja noch lebte. Sie musste in der Nacht aufgestanden sein. Warum? War jemand bei ihr? Hatte sie ein Date? Mit wem? Wo? Grübelnd besah er sich die Karte.

»Hmpf, die haben die ganze Gegend unsicher gemacht. Aber Ankerode? Das liegt viel zu weit außerhalb. Der Täter kannte den Ort.«

Wohin du auch gehst,
geh mit deinem ganzen Herzen.
– Konfuzius –

Kapitel 14

Sonntag, 7. Juli, am Morgen

Es war spät geworden gestern Abend. Sie hatten viel geschafft, Zusammenhänge erkannt, Fragen formuliert, die es nun zu beantworten galt. Mit der Vorarbeit, dem Zusammentragen von Daten und Fakten, waren sie ein gutes Stück vorangekommen. Verschiedene Personen konnten sie als Täter erst einmal ausklammern, andere standen in der Wahl prozentual ziemlich dicht beieinander. Cop und Fuzzi hatten jeder einen anderen Topkandidaten im Visier. Sie schlossen eine Wette ab: »Eine Kiste Bier für den, der richtig liegt!«

Schneider hatte sich nicht festlegen lassen. »Bis zum letzten Moment kann sich das Blatt wenden. Da wette ich drauf«, hatte er ihnen versichert. »Mit der Beantwortung der Frage nach dem ›Warum musste sie sterben?‹ können wir mehr Licht in den Fall bringen und die Tätersuche noch mehr eingrenzen. Dann ist es nur noch ein Klacks, bis wir wissen, wer Josefine von Düngen auf dem Gewissen hat. Aber so weit sind wir noch lange nicht, hmpf. Montag beginnt die heiße Phase«, hatte er ihnen prophezeit.

Zum Abschluss des Tages hatte er für jeden eine Pizza bringen lassen und ein Bier ausgegeben. Der Kommissar hatte sich wohlgefühlt im Kreis seiner Kollegen, mit der Arbeit und überhaupt. Solche Momente genoss er. Leider endete der Abend zuhause nicht so gut, wie er es sich erhofft hatte. Er hatte Mathilde nicht Bescheid gesagt, dass es spät werden würde. Sie hatte mit dem Abendessen auf ihn gewartet. Untertrieben gesagt war sie wenig ›amused‹, als er erst nach acht Uhr eintrudelte. Als er ihr dann auch noch sagte, dass er schon gegessen hatte, zog sie sich schmollend vor den Fernseher zurück, strafte ihn mit Nichtachtung. Ohne das abendliche Kuschelritual hatte sie sich im Bett von ihm abgewandt. Lange lag er wach, konnte nicht einschlafen. Er hätte sie wirklich anrufen sollen. Es tat ihm leid, aber nun war es zu spät. Er musste warten, bis sich am nächsten Tag ein geeigneter Moment ergab.

Beim Morgenkaffee wagte er den ersten Versuch: »Hmpf. Mathilde. Es tut mir leid wegen gestern. Ich hab einfach vergessen, dir Bescheid zu sagen. Es war so viel los. Aber heute ist Sonntag. Wollen wir da was zusammen unternehmen?« Er fixierte sie, fragte sich, ob er ihr Interesse geweckt hatte. »Was meinst du, eine kleine Wanderung wäre doch schön. Und wir packen wie früher mit den Kindern ein paar Würstchen und was zu Trinken ein. Dann brauchst du nichts zu kochen.« Gespannt wartete er auf ihre Reaktion.

Sie kam prompt: »Mitten in einem Mordfall willst du mit mir wandern? Das hat es ja noch nie gegeben.« Für einen kurzen Moment hielt Mathilde inne. Dann fragte sie provozierend: »Wo willst du denn hin? In den Rotenberg vielleicht?«

Ertappt. Er grinste, stand auf und nahm sie in den Arm. »Hmpf. Dir kann ich nichts vormachen, was? Kennst mich durch und durch.«

»Denke schon.«

Er gab ihr einen Kuss. Sie schmiegte sich an ihn, schaute ihm in die Augen und meinte verspielt drohend: »Aber wir gehen nicht zum Waldlager. Wenn wir zu dem Teich wandern, wo das Jagdhaus steht, bin ich einverstanden. Da hat damals die Nachtigall so wunderschön gesungen.« Mathilde schwelgte versöhnt in Erinnerungen. Ihm fiel ein Stein vom Herzen. Er ließ ihr den Triumph, sagte nicht, dass er genau dorthin wollte. Sollte sie ruhig denken, dass es ihre Idee war.

»Oh ja! Gute Idee! Daran erinnere ich mich! Und weißt du noch, wie Thomas versucht hat, einen Fisch mit den

Händen zu fangen? Der ist ihm immer wieder weggeflutscht, bis er es aufgegeben hat.«

Mathilde nickte und strahlte ihren Mann glücklich an. »Weißt du was, Christian? Wir machen von dort ein paar Fotos und schicken sie den Kindern. Sie sollen raten, wo wir gerade sind. Meinst du, sie werden es erkennen und sich erinnern?«

»Keine Ahnung. Wäre aber schön.« Er hob sie hoch, drehte sich mit ihr im Kreis herum, drückte und küsste sie, dass ihr die Luft wegblieb. *Alles läuft perfekt,* jubelte er innerlich.

»Hey, das hast du aber lange nicht gemacht.«

»Ich hatte ja auch lange keinen so interessanten Fall zum Knobeln. Und gestern Abend hab ich gemerkt, dass ich prima Kollegen habe«, antwortete er und trat, ohne es zu merken, erneut ins Fettnäpfchen.

»Aha, na dann packe ich jetzt mal ein paar Sachen fürs Picknick«, meinte Mathilde ernüchtert. Es lag an dem Fall und den netten Kollegen, dass Christian so gut drauf war, nicht an ihr. Sie schluckte.

Zwischen Brochthausen und Hilkerode parkten sie oben vor dem Wald. Schneider nahm sein Fernglas aus der Tasche, hängte es sich um. »Vielleicht sehen wir heute ein paar Rehe«, meinte er.

Sie setzten ihre Rucksäcke auf. Mathilde hatte sie so mit Essen und Trinken befüllt, dass sie gut und gerne über den Harz bis zur Nordsee wandern konnten, ohne irgendwo einkehren zu müssen. Schwer bepackt marschierten sie los. Mathilde genoss die Kühle des Waldes und wunderte sich, dass sich in all den Jahren vieles verändert hatte. Zum Beispiel der Kastanienbaum an der ersten Wegkreuzung, der damals noch klein gewesen war, hatte seinen Umfang merklich vergrößert.

»Sind wir auch so auseinandergegangen?«, fragte sie erschrocken und schaute an sich herunter.

Schneider zog die Stirn kraus. »Was meinst du? Auseinandergegangen? Hmpf.«

»Na ja, guck doch. Der Baum war doch ganz mickrig, damals.«

»Na ja. Bäume werden mit dem Alter wertvoller und prächtiger, im Gegensatz zu uns Menschen.«

»Was willst du damit schon wieder sagen?« Mathildes Stimme wurde merklich schriller. »Bin ich jetzt etwa nicht mehr wertvoll, nur weil ich fünfzig werde? Früher hast du mich schön gefunden. Schämst du dich jetzt mit mir? Dann sag es. Jetzt!« Mit geweiteten Augen schaute sie ihn an.

»Hmpf, Mathilde«, seufzte Schneider. »Natürlich bist du noch schön und natürlich bist du ein ganz wertvoller Mensch. Was ist nur los mit dir?« Er legte den Arm um ihre Schulter und zog sie an sich.

»Au! Du tust mir weh!«

»Hmpf!« *Wären wir doch zuhause geblieben. Frauen und ihre Launen,* dachte er missmutig und marschierte voran. *Sind alle so empfindlich?* Ihm fiel Frau von Düngen ein. Mit ihr hätte er niemals verheiratet sein wollen. Da war Mathilde schon die bessere Wahl. Er drehte sich zu ihr um und versuchte mit einem Lächeln die Stimmung zu retten. »Wieder gut? Bist doch meine Beste, auch wenn du mich manchmal missverstehst«, sagte er. Sie lächelte zurück. »Hmpf. Gut.«

Sie waren in den Hüttenweg abgebogen und an die zweihundert Meter gegangen, als es in unmittelbarer Nähe knallte.

Schneider reagierte sofort. »Ein Schuss! Runter!«

Er packte Mathilde am Arm, zog sie in den Graben längs des Weges. Geduckt lauschten sie in den Wald hinein. Es knisterte und raschelte, so als würde jemand durch trockenes Laub gehen. Mathilde hielt den Atem an. *Kam es näher?* Ihr Herz pochte. Es klopfte bis in die Schläfen. Sie wagte kaum Luft zu holen, bis sie merkte, dass sich das Rascheln entfernte. Als nichts mehr zu hören war, flüsterte sie: »Wer war das?«

»Wahrscheinlich nur ein Jäger.«

»Am helllichten Tage? Darf man sonntags hier rumschießen?«

»Eigentlich nicht.«

Schneider nahm den Rucksack ab, spähte in die Richtung, aus der der Schuss gekommen war.

Mathilde starrte ihn angstvoll an. »Vielleicht hat es einer auf dich abgesehen, Christian! Will der uns umbringen? Bestimmt wegen dem toten Mädchen!« Sie schickte ein Gebet gen Himmel: »Oh Gott, hilf uns!« Das erste Mal, dass sie in einen Fall von Christian geraten war. Würden sie das überleben?

»Mach dir keine Sorgen. Das galt uns sicher nicht«, versuchte Schneider sie zu beruhigen. »Bleib hier. Ich guck mal, was da los ist, hmpf.«

»Aber ...«

»Pscht.« Schneider hielt den Finger an den Mund, kroch geduckt aus dem Graben.

»Christian, pass auf dich auf!«, hauchte Mathilde.

»Ja, ja. Bleib einfach da hocken.« Er hob den Daumen. »Es wird alles gut. Rühr dich nur nicht.«

Der Schuss war ganz in der Nähe gefallen. Nicht unten am Teich bei der Hütte. Schneider fiel ein, dass, ungefähr hundert Meter von ihm entfernt, versteckt im Wald, vor ein paar Jahren noch ein hölzerner Bauwagen für die Waldarbeiter gestanden hatte. Bei einer Radtour war er zufällig vorbeigekommen, als die Jäger nach der Jagd dort das große ›Halali‹ geblasen hatten. Das erlegte Wild hatten sie kreisförmig auf ein Bett aus Tannenzweigen gelegt. *Ob der Bauwagen dort immer noch steht und von den Arbeitern und Jägern genutzt wird? Da könnte man das Tier ausweiden.* Gebückt schlich er sich zu einem Holzstapel, der ihm Deckung gab. Von hier konnte er den Platz sehen. Auch die Umrisse des Wagens. Er stand also noch da. Stück für Stück suchte er das Gelände mit dem Fernglas ab, versuchte jede Bewegung wahrzunehmen, jedes Geräusch zuzuordnen. Nach ein paar Minuten entdeckte er weiter unten in einer Senke zwischen den Bäumen einen Mann. Er machte sich an etwas zu schaffen, was am Boden lag. *Aha, dachte ich mir. Ein Jäger.* Schneider konnte das Gewehr über seiner Schulter erkennen. *Trotzdem ist es nicht unbedingt ratsam, sich dem Mann zu nähern. Könnte ein Wilderer sein, der sich hier im Wald kostenlos bedient.* Ihn wollte er nicht in die Enge treiben. Automatisch fasste er rechts an seine Hose. Er war unbewaffnet. Klar. Trotzdem brauchte er die Identität des Mannes. Auch er kam zumindest als Beobachter in seinem Fall infrage. Er wog verschiedene Möglichkeiten ab, den Mann zu stellen. *Du bist doch nicht zu Fuß. Wo hast du dein Auto stehen?*, versuchte er sich in die Lage des Mannes zu versetzen. Dann fasste er einen Entschluss und zog sich lautlos zurück.

Mathilde saß bibbernd im Graben, als er zurückkam.

»War nur ein Jäger«, beruhigte er sie. »Wahrscheinlich hat er in der Nacht ein Tier angeschossen und es ist ihm entwischt. Da muss er es suchen, um ihm den Gnadenschuss zu verpassen.«

So konnte es tatsächlich gewesen sein. Erleichtert streckte sich Mathilde, atmete tief durch.

»Du glaubst gar nicht, was ich für Angst hatte.« Sie fasste sich ans Herz. »Dass du so ruhig bleibst.«

Schneider grinste. »Ist mein Job. Irgendwie bin ich ja auch ein Jäger. Darum muss ich das Auto von dem Mann finden, wegen des Kennzeichens. Ich denke, der parkt weiter unten am Weg.«

»Und was ist mit mir?«

»Hmpf. Ja. Was ist mit dir?«, überlegte er. »Weißt du was? Wir gehen jetzt zusammen wie zwei Wanderer da runter zum Teich. Wenn der Schütze ein Wilderer ist, wird er sich vor uns verstecken. Er weiß ja nicht, dass wir ihn gesehen haben. Wenn es ein Jäger ist, wird er uns nichts tun. Dann kann er uns sicher erklären, warum er schießt, ohne vorher den Weg abzusperren.«

»Und du meinst, das ist nicht gefährlich?«, erkundigte sich seine Frau.

»Ich denke nicht.«

Obwohl Christian sehr überzeugend klang, zitterten Mathildes Beine wie Espenlaub, als sie den Weg fortsetzten. Tatsächlich fanden sie an der nächsten Wegbiegung hinter einem Gebüsch ein altes Forstfahrzeug. Schneider inspizierte den verstaubten Wagen, machte ein paar Fotos. Er las: Gö-FB-237. *FB steht wahrscheinlich für Forstbetrieb. Morgen werde ich wissen, wem das Auto gehört oder wer es benutzt.* Sollte der Mann erst mal sein Wild wegschaffen. Er hatte sie nicht bemerkt, und so sollte es bleiben.

Am Teich angekommen empfing Christian und Mathilde eine friedliche Ruhe. Die Sonne stand hoch am azurblauen Himmel. Fische sprangen und hinterließen kreisende Wellen im Wasser. Unsicher blieb Mathilde an der Sitzecke vor der Hütte stehen. Sie beobachtete ihren Mann, der inspizierend die Hütte umrundete. Er wollte sicher sein, dass niemand hier war, sodass er mit seiner Frau unbeschwert in Erinnerungen schwelgen konnte. Dachte Christian ernsthaft, sie könne jetzt hier Picknicken und den Tag genießen, so als wäre nichts gewesen?

»Guck doch, ob die Tür offen ist«, riet sie ihm, als er durchs Fenster lugte, um etwas zu erkennen.

»Hmpf, mach ich schon.«

Er fasste auf die Klinke. Wie erwartet war die Tür verschlossen. Er nahm die Fußmatte, die schief vor der Tür lag, beiseite und hob triumphierend den Schlüssel hoch, steckte ihn ins Schloss und öffnete. Staunend blieb er im Türrahmen stehen.

Mathilde kam auf ihn zu. »Was ist denn, Christian?«, fragte sie neugierig.

»Draußen bleiben. Hier scheint nach Feierabend ordentlich was abzugehen.« Er hob seine Hand zum Zeichen, dass es für sie keinen Zutritt gab.

Mathilde presste die Lippen aufeinander. »Ist ja ein herrlicher Tag heute«, grummelte sie und blieb vor der Brüstung stehen.

Schneider trat einen Schritt in den Raum. Auf der Anrichte standen Flaschen mit verschiedenen Alkoholika, hinter den Glastüren des Hängeschrankes sah er das Geschirr ordentlich sortiert. Die bestickte Tischdecke und der Trockenstrauß auf dem hölzernen Tisch gaben dem Ganzen einen altmodisch-gemütlichen Anstrich. Trotzdem stimmte hier etwas nicht. Ganz und gar nicht. Der vordere Stuhl lag umgekippt neben dem Tisch, die Wolldecken auf dem Schlafsofa hinten links in der Ecke waren zerknautscht, lagen halb drinnen, halb draußen. Auf dem Dielenfußboden entdeckte Schneider zwei parallel laufende schwarzgraue Striche vom Bett bis zur Tür. Er besah sich die Streifen genau, zog sein Handy aus der Tasche und machte Aufnahmen. *Was wurde hier rausgeschleift?*

Ganz in Gedanken versunken schreckte er auf, als Mathilde rief: »Christian, komm doch mal schnell!«

»Hmpf.« Er fühlte sich gestört, trat trotzdem hinaus. Sie würde eh keine Ruhe geben. »Was ist denn?«

Mathilde stand vor der Stufe zur Terrasse auf einer Waschbetonplatte und hielt ihm ein Handy entgegen.

»Wo hast du das gefunden?« Er zog ein Taschentuch aus seiner Hosentasche, nahm ihr das Handy ab und betrachtete es. *Eindeutig kein Handy von einem Mann.* Er versuchte es anzuschalten. Der Akku war leer.

»Ich bin hier neben die Platte getreten und habe dabei meinen Fuß umgeknickt. Dann hab ich mich gebückt, um den Knöchel zu reiben, und da lag es zwischen dem Laub. Konnte man so nicht sehen«, erzählte Mathilde in seine Gedanken hinein.

Er blickte auf, sah in das erwartungsvolle Gesicht seiner Frau. »Hmpf. Guuut, Mathilde! Das hast du richtig gut gemacht. Kannst in mein Team einsteigen«, grinste er und gab ihr einen Schmatzer. »Hmpf. Tut der Fuß sehr weh?«

»Na ja, nicht so schlimm wie deiner am Donnerstag«, zwinkerte sie ihm zu.

»Okay, weißt du was? Pack doch mal unser Essen aus. Ich hab einen Bärenhunger. Derweil telefoniere ich mit der KTU. Die sollen eine Gruppe herschicken. Vielleicht haben wir den Tatort von unserem Fall gefunden. Bis die kommen, können wir uns stärken und vielleicht auch ein bisschen die Ruhe genießen. Mathilde, du bringst mir Glück!«, rief er ihr zu und legte das Handy in der Hütte auf den Tisch.

»Ach Christian«, seufzte Mathilde und schmolz dahin.

In uns selbst liegen die Sterne unseres Glücks.
– Heinrich Heine –

Kapitel 15

Er wischte sich erschöpft und erleichtert die Stirn mit seiner blutbeschmutzten Hand. »Ein ordentlicher Brocken, zwei bis drei Zentner bestimmt. Prima Sommersau«, raunte er und empfand Genugtuung, dass er es doch noch geschafft hatte, dem Tier den Todesschuss zu verpassen. Wieder Glück gehabt. Diese Wildsau, die er nach langem Ansitzen im Morgengrauen angeschossen hatte, lag endlich ausgeweidet vor ihm. Nicht auszudenken, wenn sie der Jagdpächter verendet im Wald gefunden hätte. Dann wäre er seinen Job als Waldarbeiter los. Warum versuchten alle, ihm Knüppel zwischen die Beine zu werfen? Dauernd passierten ihm Dinge, auf die er reagieren musste. Im Grunde fiel er von einem Dilemma ins andere. Gott sei Dank immer wieder auf seine standfesten Füße mit achtundvierziger Schuhgröße. Irgendwie schien er trotz allem einen guten Schutzengel zu haben. Er blickte zum Himmel. *Wenn es die wirklich gibt, die Schutzengel, bist du meiner, Oma Marthchen. Passt auf mich auf. Hast mir früher schon den Arsch gerettet, wenn's brenzlig wurde. Ich hoffe, du machst das auch weiter so.* Zum Glück war heute, am Sonntagmorgen, niemand im Wald unterwegs gewesen. Am Nachmittag gingen hier sicherlich einige Familien spazieren. Bis dahin war er längst weg. Jetzt musste er nur noch die Innereien der Sau vergraben und dann das Tier ins Auto wuchten. Der alte Schlachter aus Weißenborn nahm ihm das Tier gern ab, ohne den ganzen Papierkram. Er besserte damit seine Rente auf und lieferte den Gastronomen im Umkreis unter anderem Wildbratwurst und Schinken, nach alter Tradition gewürzt und mit Buchenholz geräuchert. *Besseres Fleisch gibt es nicht, ganz ohne Chemie, rein von Mutter Natur,* erklärte er seinen Käufern.

Schon zwei Überläufer und einen Keiler hatte er bei ihm abgeliefert und gutes Geld dafür bekommen. Und Geld brauchte er, sonst würde ihm die Bank bald sein schönes Haus pfänden.

Aber Mittwochnacht hatte sich ja eine neue Quelle aufgetan. Sie würde bald kräftig sprudeln. Es war alles in die Wege geleitet. Morgen Abend würde die erste Übergabe sein. Und es würde nicht die einzige bleiben. Er grinste. Dazu war er gekommen wie die Jungfrau zum Kind. Purer Zufall. Zu nächtlicher Stunde hatte er auf dem Ansitz gesessen und auf Beute gewartet. Plötzlich kam dieser SUV. Er hatte sich geärgert und geflucht, weil er nun nicht mehr zum Schuss kommen würde, der Mann ihm die Nacht versaut hatte. Nachdem sein Ärger verraucht war, hatte er sich überlegt, was diese Person mitten in der Nacht im Schilde führte. Wer war das? Der Jagdpächter jedenfalls nicht. Der fuhr einen alten Jeep. Wollte dieser seinen Platz besetzen und in ‚seinem Revier‘ wildern? *Ha! Nur über meine Leiche! Dir werde ich zeigen, wer hier jagen darf,* hatte er ihm im Stillen gedroht. Sein Jagdfieber war umgeschwenkt vom Wildbret auf diesen Mann. Er folgte dem Wagen durchs Dickicht, beobachtete, wie er vor der Jagdhütte parkte und hineinging.

Es erforderte eine ganze Stunde geduldiges Warten wie beim Ansitzen, mit dem nötigen Abstand. Schließlich wollte er nicht erkannt werden und durfte seine Deckung nicht aufgeben. Letztendlich war alles sehr unlogisch und undurchsichtig gewesen. Er hatte sich nicht erklären können, was in der Hütte passierte. Eines war ihm aber klar. Hier ging es nicht mit rechten Dingen zu. Darum hatte er angelegt und geschossen, allerdings nur mit seinem Handy. Die Fotos waren zwar etwas dunkel, aber es würde sich schon eine Möglichkeit finden, daraus Kapital zu schlagen. Eindeutig war darauf zu erkennen, dass jemand einen leblosen Körper aus der Hütte schleifte und in den Kofferraum des Wagens packte. Hatte der Leblose schon in der Hütte gelegen, oder …? Bei der Polizei konnte er sich nicht melden. Sie würden nachfragen und herausfinden, dass er hier wilderte. Darum hatte er sich entschlossen, den Täter auf seine Art und Weise ausfindig zu machen. Inzwischen wusste er, was er wissen musste. Er schien doch eine Glückssträhne zu haben, trotz des Fehlschusses in der Nacht. *Oma Marthchen, so kann´s weitergehen!*

Nur zuhause lief es nicht rund. Seine Frau machte Stress, glaubte, er hätte eine andere. Wenn die wüsste... *Muss ich sie noch mehr an die Kandare nehmen?,* überlegte er und schaute auf die Uhr. »Scheiße, gleich Mittag! Sonntagmittag.« Er ging den Landrover holen. Der Wagen gehörte dem Forst und stand den Waldarbeitern bei der Arbeit zur Verfügung. Er hatte sich klugerweise als Fahrer angeboten. Das war den anderen sofort recht gewesen, denn im Bauwagen bunkerten sie ihre Getränke: Bier und auch ein paar Flaschen Nordhäuser. »Die brauchen wir zum Löschen, wenn die Luft im Wald trocken wird«, meinten sie. »Und wegen der Geselligkeit!« Für ihn war das nicht einfach. Eigentlich brauchte er schon zum Frühstück den ersten Schluck. Seine Luft war immer trocken. Jetzt quälte er sich mit pisswarmem Wasser durch die Tage. Aber nach Feierabend holte er alles nach, ausgiebig. Der Wirt seiner Stammkneipe in Brochthausen zapfte ihm das kühle Helle, sobald er zur Tür hereinkam. Wenn er ging, war er abgefüllt, fühlte sich stark und erholt. Stark genug, um seine Frau zu nehmen.

Wandern gibt mehr Verstand als hinterm Ofen sitzen.
– Paracelsus –

Kapitel 16

Montag, 8. Juli

»Einen wunderschönen guten Morgen!«, rief Schneider am Montag bei seiner Ankunft über den Flur des Kommissariats. Er war gut gelaunt. Kommissar Zufall hatte ihm wieder einmal geholfen und selbst Mathilde schien ihn und seine Arbeit in neuem Licht zu sehen. Dass sie nun noch mehr Angst um ihn hatte, war zwar ein gutes Zeichen, aber hoffentlich nicht der Grundstein für neue Drangsalierungen. Er war gespannt auf den heutigen Tag. Was würden sie herausfinden? Noch war alles offen. In der Nacht hatte er mehrere Szenarien im Geiste durchgespielt, doch keine schien ihm eindeutig. Er musste mit Cop und Fuzzi reden. Das gab ihm meistens neue Sichtweisen.

Um acht Uhr trafen sie sich zur Morgenbesprechung. Den beiden Wachtmeistern blieb die Spucke weg, als er ihnen von seinem gestrigen Erlebnis im Rotenberg erzählte.

»Ey, unglaublich. Schnüffel auf Tour«, bemerkte Fuzzi flapsig.

Cop gab ihm einen Rippenstoß, der ihn beinahe vom Stuhl schmiss. »Das ist dein Chef, nicht dein Kumpel! Raffst du es noch?«, raunte er seinem Kollegen zu und wischte mit der Hand vor seinen Augen wie ein Scheibenwischer.

Schneider grinste verstohlen. In diesem Fall fühlte es sich doch wie ein Lob an, nicht wie eine Anspielung auf sein Schnüffeln. Darum ging er unbeirrt zur Tagesordnung über, während Fuzzi wieder einmal rot anlief wie eine Tomate und ergeben die Hände hob.

»Also, was steht heute an? Lasst uns einen Plan machen«, begann Schneider.

Cop meldete sich. »Ich soll die Henne finden!«

»Hmpf, gut, mach das. Vielleicht kommst du über von Düngens Immobilienbüro in Herzberg auf Namen von Kunden, Freunden. Schau auf die Vornamen, zum Beispiel Henrike, Henriette, Hanna soundso oder … Ach ich weiß auch nicht. Es kann ja auch ein Kosename sein. Am besten ist, du fährst hin und sprichst mit der Sekretärin persönlich. Das Büro läuft unter ›von Düngen und Köhler‹. Die zwei Makler teilen sich eine Bürokraft. Sonst macht jeder sein Ding, hab ich erfahren. Lass deinen Charme spielen. Wenn wir Glück haben, ist die Sekretärin die Henne, die versucht hat, sich ins gemachte Nest zu setzen. Frag sie nach ihrem Vornamen. Achte drauf, wie sie den Tod von Adalbert von Düngen aufgenommen hat. Hmpf, hmpf.«

»Henne als Kosename? Nein, danke.«

Cop fand diesen Namen wirklich eine Zumutung. Welche Frau ließ sich gern ›Henne‹ nennen? Im Streit würde man sie als ›altes Suppenhuhn‹ oder ›Glucke‹ bezeichnen. Na ja, es gab Schlimmeres.

Schneider wandte sich Fuzzi zu: »Du machst hier im Büro weiter. Vermassele es nicht«, warnte er ihn. »Die von der KTU werden sich melden, wenn sie die Spuren aus der Jagdhütte entschlüsselt haben. Das Handy, das Mathilde gefunden hat, ist mir besonders wichtig. Es war ausgeschaltet, wahrscheinlich auch kein Saft mehr drauf. Sag mir sofort Bescheid, wenn sie wissen, wem das Ding gehört und was drauf ist. Könnte von Josefine sein. Die Hülle ist nämlich pinkfarben mit Herzchen drauf. Also sicher nicht von einem Mann. Wie es da hingekommen ist, erschließt sich mir noch nicht. Vielleicht hat Josefine das Rad genommen, was im Lager fehlt, und sich mit jemandem in der Nacht dort getroffen. Aber bislang ist das reine Vermutung. Wir haben weder das Rad noch einen sicheren Anhaltspunkt, wer mit ihr dort ein Date gehabt haben könnte. Huber? Wäre möglich. Das Rad könnte im Teich liegen. Dann müssen wir Taucher haben. Oder, er hat sie mit dem Wagen abgeholt, sie sind zusammen in die Hütte gefahren. Was ist dann passiert?«, überlegte Schneider.

»Dass Josefine da unten war, können wir doch schon belegen.« Fuzzi stand auf und ging zur Karte an der Stellwand. »Dienstagnachmittag waren – äh Moment – Mandy, Josefine, Dirk, Steffen und die Kleinschmitt dort im Arbeitseinsatz. Thema: Ökologie. Die sind bis 16.30 Uhr dort gewesen. Zur Schlussbesprechung waren alle um 17 Uhr im Lager.«

»Ja gut, das weiß ich«, meinte Schneider. »Josefine kannte die Ecke. Das war aber schon am Dienstag. Hätte sie das Handy dort verloren, hätte sie es spätestens am Abend vermisst und einen Aufstand gemacht. Diese jungen Leute kommen doch keine Stunde ohne die Dinger aus. Ich kann mich nicht erinnern, dass die Schüler von der Suche nach Josefines Handy was aufgeschrieben haben. Hak´ noch mal nach. Ich will wissen, ob Josefine oder ihr Freund oder eine Freundin am Dienstagabend oder Mittwoch noch mal an der Hütte waren. Vielleicht haben wir das überlesen, hmpf«, erklärte Schneider. »Für den späten Nachmittag bestellst du die drei, die bei dem Einsatz dabei waren, her, auch die Kleinschmitt. Ruf in der Schule an, oder jeden persönlich. Die Nummern stehen auf den Zetteln. Bis drei Uhr haben sie allerdings Unterricht. Ausreden, dass sie keine Zeit haben, gelten nicht, hörst du? Lass dich nicht bequatschen. Ich will sie alle hier haben.«

»Oh, so viel soll ich machen? Und was machst du?«

Fuzzis Frage klang vorwurfsvoll, so als würde der Kommissar sich drücken oder nur die angenehme Arbeit übernehmen. Cop schüttelte den Kopf. *Der lernt es nie,* dachte er.

Schneider reagierte verschnupft: »Hmpf. Willst du´s genau wissen? Damit du nicht denkst, ich mach mir jetzt einen schönen Tag und lasse euch arbeiten, erkläre ich es dir. Hmpf. Also. Zuerst fahre ich ins Krankenhaus und besuche Herrn Huber. Ich hoffe, ich kann ihm heute mehr entlocken. Außerdem will ich wissen, ob Fabian wieder da ist und seinetwegen die Schule schwänzt. – Ach ja, der kommt übrigens auch heute Nachmittag. – Wenn ich im Krankenhaus fertig bin, geht´s nach Gieboldehausen zu den Kollegen. Die sollen für uns einiges klären wegen dem von Düngen. Danach fahre ich zu seiner Frau. Ich hab einige Kenntnislücken, die sie mir füllen muss, damit wir weiterkommen. Hmpf. Ich hoffe, ich schaff das alles bis zum Mittag, denn bevor die Schüler hier sind, will ich das durchchecken und zuordnen. Daraus ergeben sich nämlich die Fragen, die ich ihnen stellen will. Reicht dir das?«

Herausfordernd schaute er den Wachtmeister an. Der verdrehte die Augen.

»Klar. So war das ja nicht gemeint.«

»Hörte sich aber so an«, brummte Schneider, stand auf, nahm seine Tasche, den Wagenschlüssel und verließ das Revier. »Dann bis nachher.«

Die Dinge verändern sich nicht.
Das Einzige, was sich ändert, ist deine Sichtweise.
– Carlos Castaneda –

Kapitel 17

Kurz angebunden verließ er das Revier. Manchmal ging ihm Fuzzi, ähnlich wie Mathilde, ziemlich auf die Nerven. Rausgehen und durchatmen.

Im Krankenhaus an der Pforte saß wieder die Bekannte seines Sohnes hinter der Glasscheibe. »Ach du Sch... Hmpf«, schniefte er peinlich berührt. Er hatte vergessen, Thomas von ihr zu grüßen. Hoffentlich fragte sie nicht nach.

»Guten Morgen Herr Schneider!«

Er blieb kurz vor der Glasscheibe stehen, täuschte Eile vor und fragte hastig: »Ach ja, guten Morgen. Liegt Herr Huber noch auf Intensiv?«

Sie tippte den Namen ein und schaute auf den Monitor. »Nein, A2, Zimmer 206!«

»Danke!« Schnell bog er um die Ecke, ging forsch zum Treppenhaus, nahm immer zwei Stufen auf einmal. »Hmpf, hmpf«, schnaubte er erleichtert, als er die Glastür zum Stationsflur öffnete.

Im Schwesternzimmer erkundigte er sich nach dem Gesundheitszustand von Herrn Huber. Er musste erst seinen Ausweis zücken, um vom Arzt Informationen zu erhalten.

»Herr Huber hat zwei Wirbelbrüche und einen Milzriss, der lebensbedrohlich war. Das konnten wir erfolgreich operativ behandeln, sodass nun keine Lebensgefahr mehr besteht. Eine schwere Gehirnerschütterung von dem Aufprall, Arm- und Beinbruch sowie Prellungen sind schmerzhaft und langwierig, aber in ein paar Wochen wird er sich davon erholt haben. Er hatte Glück im Unglück. Heute Morgen haben wir ihn auf die Normalstation verlegt, weil die Intensiv den Platz brauchte. In der Nacht sind wieder mehrere Neuzugänge gewesen. Psychisch ist er in ziemlich schlechter Verfassung. Das macht mir fast mehr Sorgen«, meinte der Stationsarzt. »Wenn Sie mich fragen: Suizidgefährdet. Er hat einen Menschen totgefahren. Damit kommt er nicht klar. Wir haben ein Auge auf ihn. Darum liegt er auch im Viererzimmer. Er sollte nicht allein sein.«

Schneider nickte. »Ja, dass so was passiert, hat er sicher nicht gewollt. Aber hinterher ist man immer schlauer.«

»Bitte gehen Sie behutsam mit ihm um, Herr Hauptkommissar.«

»Natürlich! Danke Doktor.«

Schneider klopfte an die Tür von Zimmer 206, trat ein und wünschte einen guten Morgen. Huber lag mit geschlossenen Augen hinten rechts am Fenster. Er war der Einzige, dessen Kopf verwickelt war und der an Schläuchen und Infusionen hing. Neben ihm lag ein junger Mann um die fünfundzwanzig mit eingegipstem linken Bein. Ein Fahrradsturz? Der Mann spielte an seinem Smartphone und hatte Stöpsel in den Ohren. *Das passt gut, wegen der Befragung.* Die Patienten aus den Betten gegenüber waren nicht anwesend. *Vielleicht sind sie zur Untersuchung oder stehen vor dem Eingang und rauchen,* dachte Schneider. Er nahm sich einen Stuhl, der am Tisch stand, stellte ihn neben das Bett, setzte sich und wäre im nächsten Moment am liebsten wieder aufgesprungen, um die Seite zu wechseln. Weil er Huber beobachtet hatte, um zu sehen ob er schlief, hatte er übersehen, dass zwei inzwischen prall gefüllte Beutel mit leuchtend roten und gelben Körperausscheidungen am Bettrand baumelten. Er war mit den Knien daran gestoßen. Aus den Schläuchen, die sich unter der Bettdecke herausschlängelten, lief stetig Nachschub. Schneider schluckte. Ob sie platzen können? Eigentlich müsste er jetzt die Schwester rufen, damit sie die Beutel leerte. Aber das würde dauern. Er versuchte nicht hinzuschauen, sich auf das Gesicht von Huber zu konzentrieren. Zu allem Übel fiel ihm nun auch noch dieser Infusionsständer mit der Flasche ins Auge, die links neben seinem Kopf baumelte und über einen Schlauch tröpfchenweise klare Flüssigkeit in Hubers Handvene beförderte. Ihm wurde übel. Er wischte sich den Schweiß von der Stirn und versuchte ruhig ein- und auszuatmen. *Krankenhaus ist nichts für mich. Hoffentlich muss ich hier nie liegen,* dachte er. »Hmpf.«

Nachdem er sich gefangen hatte, sprach er Huber an: »Guten Tag, Herr Huber. Hören Sie mich? Mein Name ist Christian Schneider, Hauptkommissar bei der Duderstädter Polizei. Können Sie sich an mich erinnern?«

Huber schlug die Augen auf.

»Ich war am Samstag schon mal auf der Intensivstation bei Ihnen.«

Huber nickte. »Ich weiß«, nuschelte er.

»Wir ermitteln im Fall Josefine von Düngen, dem Mädchen, das mit der 10. Klasse des Felix-Klein-Gymnasiums im Jugendwaldlager war. Sie wissen davon, oder?«

»Ja, ich weiß. Eine schlimme Sache.«

»Haben Sie eine Ahnung, was da passiert ist? Ein Unfall vielleicht?«

Hubers Augen füllten sich mit Tränen. »Ich weiß es nicht.«

Schneider spürte, dass Huber dicht machte. Er versuchte es anders. »Herr Stakenbrück und Sie haben diese Woche im Lager gemeinsam gestaltet. Wie war die Klasse so? Erzählen Sie mal.«

Huber schaute für einen Moment zum Fenster, versuchte wohl sich zu erinnern. »Wie das so ist bei Sechzehnjährigen, zuerst null Bock, dann waren sie eigentlich gut drauf, interessiert, nichts Auffälliges.«

»Und Josefine? Wie war die so? Mochten Sie das Mädchen?«

»Ich? Wieso? Nein! Die war doch mit dem Jungen zusammen. Ich glaube, Dirk hieß der. Der war ganz scharf auf sie.

Obwohl sie ziemlich zickig sein konnte. Für die Betreuung sind aber die Lehrer zuständig. Ich kümmere mich nur um das Fachliche.«

Schneider krauste den Mund. »Wenn Sie morgens gekommen sind, haben Sie doch frische Brötchen mitgebracht. Machen Sie das immer? Hmpf.«

»Nein, sonst haben wir Küchenpersonal. Die versorgen die Gruppen. Thomas, also Herr Stakenbrück, hatte sich zusammen mit der Klasse für die Selbstversorgung entschieden. Das machen manche. Ich finde es für Schüler ganz gut. Sie kriegen eh immer alles vorgesetzt. Selbst was zu tun und für sich selbst verantwortlich zu sein, ist immens wichtig, wenn man erwachsen wird. Es schweißt die Klasse zusammen.«

Schneider versuchte durch ein scheinbar belangloses Gespräch sich vorzutasten. »Da haben Sie recht. Wo kaufen Sie die Brötchen denn ein?«

»Wieso wollen Sie das wissen? Die hole ich vom Edeka in Rhumspringe.«

»Ach so! Benutzen Sie dann den Radweg mit dem Auto, um ins Lager zu kommen?«

»Ja, sonst müsste ich ja wieder den Weg zurück bis Pöhlde. Und meistens bin ich spät dran. Wieso fragen Sie?«

»Sie fahren ziemlich rasant, oder? Sind Sie auch am Donnerstagmorgen die Strecke gefahren?«

»Ja.«

»Sie wissen, dass Josefine dort an der Wüstung Ankerode gefunden wurde? Wir haben die Aussage von zwei Frauen, die dort gewalkt sind. Sie haben erzählt, dass ihnen ein Landrover mit hoher Geschwindigkeit entgegengekommen ist. Waren Sie das?«

»Kann schon sein. Wie gesagt, ich hatte es sehr eilig.«

»Sie waren also beim Edeka und sind dann über den Radweg an der Wüstung vorbeigefahren. Angehalten haben Sie dort nicht?«

»Wieso sollte ich da anhalten? Wollen Sie mir was unterstellen?«

»Ich frage nur, um mir ein Bild zu machen. Darf ich ehrlich sein?«

Huber zuckte die Achseln und im nächsten Moment war sein Gesicht schmerzverzerrt.

»Hmpf, das hat jetzt wehgetan«, erkannte Schneider und fuhr fort: »Die Schüler berichten allesamt, wie kompetent und beliebt Sie gewesen sind. Ab Donnerstag sei das total anders gewesen. Sie kamen zu spät, und als Sie erfahren haben, dass Josefine gesucht wird, sind Sie plötzlich wie ein Gejagter verschwunden. Auch am Freitagmorgen sind Sie eilig aus dem Lager fort und haben vor Duderstadt einen Motorradfahrer über den Haufen gefahren. Mit weit überhöhter Geschwindigkeit. Ich war selbst involviert, war auf dem Weg ins Waldlager. In der Höhe der Bauschuttdeponie kam mir ein Trecker entgegen. Dahinter hatte sich eine Autoschlange gebildet. Plötzlich sind Sie, wie ich jetzt weiß, ausgeschert und haben die anderen überholt. Ich hatte Glück, dass ich so schnell reagiert habe. Sonst wäre **ich** jetzt tot. Leider hat es ein paar Minuten später den jungen Mann auf dem Motorrad getroffen. Herr Huber. Sie sind Naturschützer, ein ausgezeichneter Pädagoge. Ihnen liegen die Menschen und die Natur am Herzen. Ihr ganzes Leben spricht doch eine andere Sprache als Ihr Verhalten in den letzten Tagen. Was ist passiert? Wo wollten Sie hin? Warum hatten Sie es so eilig?«

Eindringlich schaute Schneider Huber an. Der wich seinem Blick aus, starrte zum Fenster.

»Stress, persönliche Gründe. Suchen Sie sich was aus. Ist mein Bier«, erwiderte er trotzig.

»Bei Mord ist es sehr wohl auch mein Bier. Sie müssen sich verantworten. Geben Sie mir eine schlüssige Antwort, dann kann ich Ihnen helfen. Wollen Sie denn alles hinschmeißen?«

»Egal.«

»Es ist nicht egal, Herr Huber. Was ist denn mit Fabian? Der hat ja einen Narren an Ihnen gefressen.«

Huber presste die Lippen fest aufeinander.

»Sie tun den Jugendlichen doch gut! Überlegen Sie es sich noch einmal. Ich komme wieder.«

Schneider stand auf, nahm den Stuhl und stellte ihn zurück an seinen Platz. Dann beugte er sich über das Fußende des Bettes, versuchte es ein letztes Mal.

»Sie kommen da nur wieder raus, wenn Sie reden und Hilfe annehmen. Davon bin ich fest überzeugt. Bitte rufen Sie mich an. Jederzeit.«

Keine Reaktion. Huber schaute zur Seite, und der Kommissar sah Tränen, die ihm an der Wange hinunterliefen. Dieser Mann war kein Mörder. Auch wenn er jemanden totgefahren hatte. Sollte er sich so in dem Mann täuschen? Er legte ihm seine Telefonnummer auf den Nachttisch, verließ das Zimmer, klopfte ans Schwesternzimmer.

»Herr Huber braucht Sie. Ich hab gesehen, dass die Beutel an seinem Bett gleich überlaufen.«

»Oh, danke für den Hinweis. Ich kümmere mich drum.«

Ganz in Gedanken ging er grußlos an der Pforte vorbei, als sein Handy ›I´m on fire‹ dudelte.

»Chef, du musst sofort herkommen. Eine Rosemarie Ballhausen sitzt hier und will eine Aussage machen, will aber nur mit dir sprechen.«

»Rosemarie Ballhausen? Kenne ich die?«

»Ja, das ist eine von den Walkerinnen aus Brochthausen, die das tote Mädchen gefunden haben.«

»Hmpf, hmpf. Stimmt. Hat sich als Rosi vorgestellt. Kann sie nicht heute Mittag wiederkommen? Ich muss noch nach Gieboldehausen.«

»Nein, da hat sie keine Zeit.«

»Hmpf. Okay, ich bin gleich da. Biete ihr schon mal was zu trinken an.« Er steckte das Handy in die Hemdtasche und fuhr schnaufend zur Dienstelle zurück. *Was will die mir jetzt erzählen?*, überlegte er und konnte sich nicht vorstellen, dass es wirklich wichtig war. Aber das Gespräch mit Jan-Hendrik Huber ging ihm nicht aus dem Kopf. Der psychische Zustand dieses Mannes machte ihm Sorgen. Was hatte dazu geführt, dass er sein Verhalten total geändert hatte? Er grübelte. *Hatte es was mit Fabian zu tun?*

Als er auf dem Polizeiparkplatz ankam und aus dem Wagen stieg, entwickelte sich eine Idee, ein möglicher Grund in seinem Kopf. Er versuchte den Gedanken festzuhalten. Doch dann sprachen ihn zwei Streifenpolizisten, die vor der Tür eine Raucherpause machten, an, brachten ihn total aus dem Konzept mit ihren Wetterprophezeiungen. »Keine Zeit!«, würgte er sie ab und lief die Stufen hinauf. Der Gedanke, der ihm gerade gekommen war, war weg. »Mist!«

Und plötzlich weißt du es:
Es ist Zeit, etwas Neues zu beginnen
und dem Zauber des Anfangs zu vertrauen.
– Meister Eckhardt –

Kapitel 18

Frau Ballhausen saß in kurzer Jeans und T-Shirt auf dem Stuhl vor seiner Tür. Um den Hals trug sie ein dünnes Tuch.

Er wunderte sich. *Bei der Hitze? Es sind doch schon jetzt an die dreißig Grad. Ist das modisch, oder versteckt sie was darunter?* Er reichte ihr die Hand. *Feucht und eiskalt, zögerlich, verängstigter Griff,* registrierte er. Lag es daran, dass sie auf einer Polizeiwache saß? Er wusste, dass viele Menschen nervös wurden, wenn sie dieses Gebäude betraten. Oder lag der Grund in ihrer Aussage, die sie machen wollte?

»Kommen Sie herein.« Er hielt ihr die Tür auf. »Mein Kollege sagte, Sie möchten mich sprechen?«

Er ging hinter seinen Schreibtisch und wies ihr den Stuhl davor. Zögerlich stand sie im Zimmer, rieb sich verkrampft die Hände.

»Ich beiße nicht. Kommen Sie. Was Sie mir sagen, werde ich vertraulich behandeln. Das verspreche ich Ihnen. Denken Sie einfach, ich bin ihr Beichtvater und nehme Ihnen all Ihre Sorgen ab«, versuchte er die Situation zu entschärfen.

Ein Lächeln umspielte ihren Mund. »Da war ich lange nicht mehr«, meinte sie leise.

»Ganz ehrlich? Ich auch nicht«, sagte er schmunzelnd, um das Eis zu brechen.

»Ich weiß nicht, ob es richtig ist, dass ich hergekommen bin.« Hilfesuchend schaute sie ihn an. »Meinen Sie, ob es richtig ist, diese Aussage zu machen?« Sie schien zu überlegen, das Für und Wider abzuwägen.

»Belasten Sie jemanden damit, den Sie eigentlich nicht belasten wollen?«, fragte er und tastete sich langsam vor. Ein stummes Nicken. »Der Tod des Mädchens in Ankerode beschäftigt Sie sehr, nicht wahr? Ihnen ist an dem Morgen ein Landrover entgegengeprescht. Haben Sie den Mann, der in dem Wagen saß, doch erkannt, oder wissen Sie, wem das Auto gehört?«

Frau Ballhausen kam näher, setzte sich und Schneider sah, wie sich ihr Körper langsam entspannte. Sie hatte sich entschieden zu reden, was auch immer es war, weil sie diese Last nicht mehr tragen konnte. Wie ein Vogel, der vor eine Glasscheibe geflogen ist, saß sie zusammengerutscht auf dem Stuhl und schaute ihn an.

Gleich wird sie erzählen, ihren Kummer von der Seele reden. Er schniefte leise und kräuselte die Nase. *Hoffentlich kommt jetzt keiner rein und stört,* dachte er und wartete. *Ich muss ihr Zeit geben.* Diese Dinge wahrzunehmen, lernt man nicht in der Ausbildung. Dafür braucht man ein Gespür. Er besaß es.

Sie räusperte sich. »Ich habe jede Nacht einen furchtbaren Traum. Wenn ich aufwache, bin ich fix und fertig. Ich weiß nicht, was er zu bedeuten hat. Glauben Sie, dass Träume wahr sein können?« Hilfesuchend flehten ihre Augen ihn an.

»Hmpf. Das weiß ich auch nicht so genau. Aber wenn Sie mir Ihren Traum erzählen, kann ich mir ein Bild machen. Versuchen Sie es. Ich verspreche Ihnen, das bleibt unter uns«, wiederholte er nochmals seine Zusage auf Vertraulichkeit.

Sie holte tief Luft. »Hanno, also mein Mann, also ... unsere Ehe läuft im Moment nicht so gut. Hanno hat seine Arbeit als Maurer verloren und seitdem trinkt er. Wenn er betrunken nach Hause kommt, dann ... Ich habe Angst um meinen Sohn. Der kriegt doch alles mit, auch wenn er erst fünf Jahre ist. So kann es nicht weitergehen.«

Schneider nickte und wog die Worte, die er sagen wollte, genau ab. »Das ist bestimmt eine schwere Zeit für Sie und

Ihren Sohn. Ist Ihr Mann jetzt den ganzen Tag zuhause? Oder hat er wieder Arbeit gefunden?«, stellte er sich dumm.

»Ja, er hat als Waldarbeiter im Rotenberg eine Stelle gekriegt. Erstmal für ein Jahr. Da verdient man aber nicht so viel wie als Maurer. Wir haben ein Haus gebaut, der Abtrag und alles ist ziemlich teuer. Es reicht hinten und vorn nicht. Wir kommen mit den Raten nicht nach. Und jetzt auch noch das mit dem Mädchen.«

Schneider guckte Frau Ballhausen skeptisch an und hakte nach. Er brauchte eine klare Aussage, um das, was er längst vermutete, von ihr bestätigt zu bekommen.

»Was hat das tote Mädchen denn damit zu tun? Sie sagten doch, Sie kennen sie nicht. Denken Sie, dass Ihr Mann sie kannte?«

»Ja, das denke ich. Wissen Sie, mein Mann liebt junge Mädchen. Er guckt nicht nur hinter jedem kurzen Rock her, er fasst auch zu. Und seit ich weiß, dass die Tote mit ihrer Klasse im Jugendwaldlager war, denke ich immerzu, dass er sie … na ja, dass er sie vergewaltigt hat. Davon träume ich jede Nacht! Ich krieg sein Gesicht, wie er sich über sie beugt und würgt, nicht aus dem Kopf. Das Mädchen hatte doch Würgespuren. Die hab ich gesehen, und der Arzt hat es auch gesagt.«

Frau Ballhausen begann zu weinen. Sie suchte nach einem Taschentuch. Schneider reichte ihr ein Tempo, das sie dankbar nahm und sich schnäuzte. Nachdem sie ihre Tränen abgewischt hatte, erzählte sie weiter: »Wenn es über ihn kommt, ist Hanno unberechenbar. Ich kann es Ihnen zeigen.«

Sie nahm das Halstuch ab und Schneider sah die Würgemale. »Ist das von ihm?«

Sie nickte. »So sieht Sex aus, wenn er was getrunken hat.«

»Hmpf.« Schneider schluckte.

»Und weil dieser Landrover, der uns entgegenkam, aussah wie einer vom Forst, mach ich mir Sorgen. Er fährt doch so einen während der Arbeit. Aber die Sonne hat geblendet und die Scheiben waren staubig. Ich habe wirklich niemanden erkannt, auch Heide nicht. Ich hab sie nochmal gefragt.« Sie machte eine Pause. »Wenn Hanno es aber nicht war und ich ihn falsch verdächtige, und wenn er es erfährt, dann bringt er mich um.«

Diese Erkenntnis schien ihr erneut Sorgen zu bereiten. Er sah es an ihrem Blick und ihrer plötzlich aufrechten Sitzhaltung.

»Frau Ballhausen, haben Sie keine Angst. Ich habe Ihnen versprochen, dass von unserem Gespräch nichts nach außen dringt. Ich rate Ihnen aber dringend, Hilfe zu suchen. Egal, ob Ihr Mann etwas mit dem Tod des Mädchens zu tun hat oder nicht. Sie müssen etwas unternehmen. Lassen Sie sich das nicht gefallen! Denken Sie auch an Ihren Sohn. Ich gebe Ihnen eine Adresse und Telefonnummer. Dort bekommen Sie Hilfe. Versprechen Sie mir, dass Sie sich dort melden?«

Er beschrieb einen Zettel und reichte ihn über den Schreibtisch. Eindringlich sah er sie an. Sie nickte.

»Gut. Dann danke ich Ihnen, dass Sie gekommen sind. Das war kein leichter Schritt. Aber ich hoffe, dass es Ihnen jetzt ein wenig besser geht. Ich kann Ihnen noch nicht sagen, ob Ihr Mann überhaupt etwas mit dem Tod des Mädchens zu tun hat. Wir werden das genau überprüfen. Wenn ich Näheres weiß, melde ich mich bei Ihnen. Sie können mich auch jederzeit anrufen.«

Frau Ballhausen stand auf, steckte den Zettel in ihre Umhängetasche und reichte Schneider zum Abschied die Hand. Sie war noch feucht, aber warm. Als sie zur Tür hinausgehen wollte, rief er sie zurück.

»Moment. Mir fällt gerade etwas ein.« Er stand auf und ging auf sie zu. »Geht ihr Mann eigentlich auf die Jagd?«

Sie zuckte die Achseln. »Also schießen kann er, aber einen Jagdschein? Nein. Den hat er nicht. Das können wir nicht bezahlen. Aber manchmal bringt er einen Wildschweinbraten oder ein halbes Reh von der Arbeit mit.«

»Danke, das schmeckt bestimmt lecker.«

Er versuchte sie nicht zu beunruhigen, nickte ihr freundlich zu und schloss die Tür. Der Blick auf die Uhr sagte ihm, dass er die Fahrt nach Gieboldehausen vergessen konnte. »Hmpf.« Er setzte sich zurück an seinen Schreibtisch, notierte den Inhalt des Gesprächs in kurzen Sätzen und überlegte: *Ist Hanno Ballhausen unser Mann? Er arbeitet im Wald, kennt die Örtlichkeiten, auch die Jagdhütte. Er fährt ein Auto vom Forst und kennt das Lager. Er ist hinter Mädchen her, kein Kostverächter. Hatte er sich mit Josefine in der Nacht in der Hütte getroffen? Wie hat er sie dahin gelotst? Hat er sie in der Nacht abgeholt oder haben sie sich dort getroffen? Ich muss die Taucher in den Teich schicken, das Rad suchen. Aber Josefine war mit diesem Dirk zusammen. Warum sollte sie sich mit einem Waldarbeiter treffen?* Er musste mit Hanno Ballhausen sprechen, heute noch. Der war mehr als verdächtig. *Wahrscheinlich war er der Jäger, den Mathilde und ich gestern im Wald gesehen haben. Ein Wilderer, mit Vorsicht zu genießen. Aber auch ein Mörder? Die Würgemale am Hals seiner Frau sprechen Bände. War der Tod des Mädchens die Folge von hartem Sex? Ein Unfall? Danach musste Ballhausen das Mädchen loswerden. Ihm kam die Idee, es in Ankerode beizusetzen. Er kannte das Kreuz, wollte sich nicht als Mörder fühlen. Er hatte sie nicht töten wollen. Nun plagte ihn das schlechte Gewissen.*

Schneider nickte vor sich hin, spürte ein wohliges Kribbeln in seinem Körper. Diese Phase der Auflösung war das Beste an einem Fall, das Sahnebonbon sozusagen. Sich in die Tatverdächtigen hineindenken, in ihre Gefühlslage versetzen, mit den verschiedenen Möglichkeiten zu jonglieren. Wie könnte es gewesen sein? Wer hatte es getan? Für Schneider war es wie ein Tanz auf dem Vulkan kurz vor dem Ausbruch, dem großen Finale. Das machte es aus. Er rief Cop und beauftragte ihn, Ballhausen aufs Revier zu schaffen. Sofort.

Wenn man den Weg verliert, lernt man ihn kennen.
– Sprichwort der Tuareg –

Kapitel 19

Schneider hatte gerade sein Frühstücksbrot gegessen, obwohl es schon Nachmittag war, als es an der Tür klopfte. Er schaute auf die Uhr. Kurz nach drei. Er packte die Dose in seine Tasche und wischte mit der Hand die Krümel vom Schreibtisch.

»Ja bitte?« Jemand öffnete vorsichtig. Schneider lugte um die Ecke. »Kommen Sie doch rein!« Er wunderte sich, als Fabian zögernd den Raum betrat. »Fabian! Du kommst schon? Ihr habt doch bis drei Uhr Unterricht. Hast du geschwänzt?«

»Ähm, ja. Guten Tag.« Fabian dienerte. »Die letzten zwei Stunden sind Sport. Die hab ich mir heute geschenkt. Ich sollte doch pünktlich sein.«

»Aha. So hatte ich das zwar nicht gesagt, aber … Komm, setz dich«, forderte Schneider ihn auf. Ihm war es recht.

»Ich will was sagen«, begann Fabian und rieb verlegen seine Hände an den Oberschenkeln. »Also … Sie wollten doch wissen, warum ich Herrn Huber besucht hab.«

Schneider nickte und wartete. Was würde jetzt kommen? War es das, was er dachte?

»Also, da im Lager, da hab ich gemerkt, dass ich Jan-Hendrik liebe.«

Jetzt war es raus. Schneider versuchte, seinen inneren Triumph und ein aufkommendes Grinsen zu unterdrücken.

»Lieben? Du sagtest doch, dass du ihn erst am Montag kennengelernt hast.«

»Jaaa, vielleicht sollte ich besser sagen: Ich habe mich in ihn verliebt. Wissen Sie, ich hab mich schon lange gewundert, dass mir Frauen überhaupt nichts bedeuten. Die Jungen haben immer von ihren Erlebnissen mit den Mädchen erzählt. Ich fand das total blöd. Aber dann am Montag hab ich Jan-Hendrik kennengelernt und sofort gespürt, dass wir beide füreinander geschaffen sind. Ich weiß genau, er denkt auch so.«

»Hast du mit ihm darüber gesprochen?«

»Nicht direkt, aber wie der mich angeschaut hat. Ich sage Ihnen ... ganz sicher. Echt.«

»Hmpf. So. Er hat dich angeschaut. Du denkst, dass Herr Huber schwul ist? Haben die anderen das auch bemerkt?«

Fabian schüttelte heftig den Kopf. »Nein, die Mädchen waren doch ganz vernarrt in den. Aber er hat sie abblitzen lassen. Alle.«

Ein kurzes Auflachen. An seinen Augen sah Schneider, dass Fabian sich an eine Situation erinnerte und sie nachträglich genoss. Der Kommissar kräuselte seine Schnüffelnase, ließ den Jungen in seinem Tagtraum und legte sich die nächste Frage zurecht.

»Sag mal Fabian. Du warst doch die Tage viel mit Herrn Huber zusammen. Findest du, dass er sich verändert hat, seit das mit Josefine passiert ist?«

Fabian blickte auf. »Ja, seitdem hat er großen Kummer.«

»Was denn für Kummer?«

»Darum bin ich ja hier. Ich glaube, ich habe einen Riesenfehler gemacht, einen, den ich vielleicht nie wieder gutmachen kann.« Der Junge sank förmlich in sich zusammen.

»Na, na, so schlimm wird es schon nicht sein. Möchtest du mir davon erzählen?«

Fabian nickte, wischte mit der Hand unter der Nase und Schneider bemerkte, dass sie vor Aufregung zitterte.

»Am Mittwoch hatte ich Küchendienst und hab Chili gekocht, nach einem Rezept von meiner Mutter. Lena, Justin, Josi und Mandy hatten auch Dienst. Die haben Salat und Pommes und den Nachtisch gemacht. Kurz vor dem Essen ist Jan-Hendrik in die Küche gekommen und wollte wissen, was es zu Essen gibt. Er hat mein Chili probiert und war ganz begeistert. Der hat mich so angeguckt, richtig geflirtet. Aber da waren ja die anderen. Darum hat er nur meinen Arm gestreichelt und gesagt, dass ich ein super Koch bin. Dann hat sein Handy geklingelt. Er ist drangegangen und ich hab gemerkt, dass sich etwas in ihm verändert. Auf einmal war er ganz ernst. Zum Schluss hat er gesagt: ›Mach dir keine Sorgen. Ich liebe dich‹ und hat aufgelegt. Das war für mich total der Hammer. Ich dachte, er sei solo und, dass wir beide ... Natürlich wollte ich wissen, mit wem er da geredet hat. Ich hab ihn gefragt, aber er sagte, dass mich das nichts angeht. Und dann war er wieder ganz normal. Mandy und Josefine haben rumgegackert und ihn gerufen, dass er ihren Pudding probieren soll. Er hat sein Handy auf den Tresen gelegt und ist zu ihnen gegangen. Da hab ich nachgeguckt.«

Fabian schaute zu Schneider rüber.

»Hmpf. Du hast das Handy von Herrn Huber genommen?«

»Ja. Das war nicht richtig, ich weiß. Aber ...«

»Na gut, und dann? Was war das für eine Nummer?«

»Die Nummer von Josis Vater! Ich hab sie sofort erkannt, weil Josi die Nummer auch auf ihrem Handy hat. Unsere Eltern sind nämlich befreundet. Wir sind fast wie Geschwister aufgewachsen, waren zusammen im Kindergarten und in der Schule. Wenn sich unsere Familien getroffen haben, wussten Josi und ich manchmal nicht, was wir machen sollen. Ein paar Mal haben wir mit dem Handy ›Nummernraten‹ gespielt. Aber weil ich so gut darin war, wollte Josi das nicht mehr. Jetzt bin ich mir überhaupt nicht mehr sicher, ob ich richtig hingeguckt habe.«

»Moment Fabian. Du denkst, dass es die Nummer von Josefines Vater war, nicht von der Mutter?«, hakte Schneider nach.

»Ja! Die Mutter hat 01607897... Die kenne ich auch. Ich kann mir so was echt gut merken.«

»Das ist ja erstaunlich, Fabian. Schreib mir die Nummer von Herrn von Düngen doch mal auf diesen Zettel«, forderte

Schneider den Jungen auf und reichte ihm ein Papier und einen Stift. Fabian nahm es, schrieb die Nummer auf und reichte Schneider den Zettel zurück.

»Ich hab bestimmt nicht richtig hingeguckt. Sonst würde es ja bedeuten, dass Josis Vater schwul ist, weil Jan-Hendrik doch gesagt hat: ›Ich liebe dich.‹«

»Das hast du bestimmt falsch verstanden.«

Fabian presste die Lippen fest aufeinander.

»Jetzt denke ich das auch. Aber am Freitag war ich stinksauer. Als Josi mich geärgert hat, das hat sie öfter gemacht, hab ich ihr das an den Kopf geschmissen, dass ihr Vater schwul ist und Jan-Hendrik seine große Liebe.«

»Und? Wie hat sie darauf reagiert?«

»Sie hat es zuerst überhaupt nicht kapiert, hat mich ausgelacht. Doch dann wurde sie komisch und hat gesagt: ›Ach deshalb. So ein Arsch.‹ Sie hat mich angebrüllt, dass ich auch einer bin, und ist weggegangen.«

»Haben die anderen davon nichts mitbekommen?«

»Nein, die haben nur gemerkt, dass Josi auf einmal miese Laune hatte. Am Abend hat sie dann mit Dirk Schluss gemacht.«

»Hmpf. Was ist dann passiert?«

»Das wissen Sie doch. Am nächsten Tag war Josi weg. Dann ist Jan-Hendrik verunglückt und Josis Vater hat sich aufgehängt. Und alles, weil ich Josi gesagt hab, dass ihr Vater schwul ist? Ich weiß nicht, was ich jetzt machen soll. Warum ist das Leben so megablöd?«

»Fabian, du bist sicher nicht schuld am Tod von Josi. Und auch nicht, dass Herr Huber verunglückt ist. Ich werde herausfinden, wie das zusammenhängt, das verspreche ich dir. Du hast mir sehr geholfen. Mach dir keine Sorgen und versprich mir, dass du Herrn Huber nicht mehr besuchst, bis wir den Fall gelöst haben. Klar?«

Fabian nickte.

Schneider stand auf, verabschiedete den Jungen und klopfte ihm Mut machend auf die Schulter.

»Ich melde mich sicher noch mal bei dir. Bis dann.«

Als der Junge fort war, ging er zu Cop ins Zimmer: »Bist du schon weitergekommen?«

»Nicht wirklich. Also, der von Düngen war so was von normal. Keine Frauengeschichten, nichts. Ein vorbildlicher Vater, machte gute Immobiliengeschäfte, war verlässlich, auch im Angelclub beliebt. Aalglatt, ohne Henne.«

»Ich glaube, ich weiß jetzt, wer die Henne ist«, schmunzelte Schneider.

»Wer?«

»Der Leiter vom Jugendwaldlager, Jan-Hendrik Huber! Von Düngen war schwul und mit Huber liiert!«

Die Kinnlage des Wachtmeisters klappte nach unten. »Ja, an die Möglichkeit hätte ich nie gedacht. Eine Henne mit Namen Jan-Hendrik. Wie bist du da drauf gekommen?«

»Fabian hat eine Beichte abgelegt.«

»Fabian? Woher weiß der das? Und ist die Henne jetzt der Mörder?«

»Gute Frage. Damit müssen wir uns später beschäftigen. Im Moment belastet ihn das und es erklärt so manches. Sicher ist das noch lange nicht. Irgendwie hakt es. Vielleicht sieht dieser Fabian Gespenster, und wir fallen drauf rein. Stichhaltig ist das auf keinen Fall. Dieser Bengel ist ziemlich unreif. Er hat seine sexuelle Neigung gerade erst bemerkt. Und das mit sechzehn. Andererseits hat er ein phänomenales Zahlengedächtnis, wie ein Autist.« Schneider war hin- und hergerissen. *War an der Sache was dran?* »Gleich kommen die anderen Schüler. Mal sehen, ob die uns weiterhelfen. Ich nehme mir Dirk, den Freund von Josefine, vor, dann die Kleinschmitt. Übernimmst du die anderen?«

»Kann ich machen. Schreib mir aber auf, was du alles wissen willst.«

»Mach ich. Nach Gieboldehausen müsste ich auch noch dringend, um Frau von Düngen zu sprechen. Für mich macht es eher Sinn, dass die was mit Huber hatte. Fragt mal in Bad Sachsa im Hotel nach. – Habt ihr Hanno Ballhausen schon?«

»Fuzzi ist mit einem Kollegen unterwegs nach Brochthausen.«

»Gut. Hmpf. Sag Bescheid, wenn sie hier sind.«

Schneider ging zurück in sein Zimmer, sortierte die Fakten und stellte sich grübelnd vor die Stellwände. Es lief. Hauptsache, er behielt einen klaren Kopf und übersah nichts.

Die Gespräche mit den Schülern und Frau Kleinschmitt waren nicht so ergiebig. Nur Dirk gab zu, nachdem Schneider ihn ordentlich unter Druck gesetzt hatte, dass Josi mit ihm am Dienstag in der Hütte am Teich gewesen war. Sie hatten dort miteinander geschlafen, während die anderen Bestandsaufnahmen machten. Die hätten das aber nicht bemerkt, denn Frau Kleinschmitt hätte jedem einen anderen Platz in der Gegend zugewiesen. Steffen, der ganz vernarrt in die Kleinschmitt sei, hätte sie total in Beschlag genommen. Es wäre reiner Zufall gewesen, dass sein und Josis Platz nahe bei der Hütte waren. Josi hätte keine Lust auf Pflanzenbestimmung gehabt. Sie wollte was erleben und nicht im blöden Wald rumhängen. Zuerst hätten sie nur geknutscht. Doch dann wäre es schlimmer geworden, und Josi wäre ganz heiß auf ihn gewesen. Unter der Fußmatte hätten sie den Schlüssel gefunden. Auch am nächsten Tag lief alles super mit ihnen. Bis zum Abendessen. Da hätte sich Josi total aggressiv verhalten, ihn geschlagen und mit ihm Schluss gemacht. Er konnte sich überhaupt nicht erklären, warum.

Schneider fand die Aussagen zwar interessant, sie brachten ihn aber nicht unbedingt weiter. Das Handy, das Mathilde gefunden hatte, gehörte Josi. Aber sie hatte es am Mittwochabend am Lagerfeuer noch bei sich gehabt. Mit wem war sie später in der Hütte gewesen? Mit Ballhausen, Huber? Gab es noch jemanden, den sie übersehen hatten? Stakenbrück, Frau

Kleinschmitt? Einer der anderen Waldarbeiter? Oder hatte Josi woanders noch einen Freund, den sie zu der Hütte bestellt hatte? Die Fragen blieben, die Spannung wuchs.

Fuzzi kam ohne Hanno Ballhausen aufs Revier zurück.

»Der ist nicht aufzufinden. Keiner hat ihn gesehen. Die Frau weiß auch nichts, macht sich große Sorgen«, erzählte er.

Hatte Ballhausen sich abgesetzt? Schneider ließ ihn zur Fahndung ausschreiben.

»Ich mach jetzt Feierabend«, meinte Fuzzi.

»Na na, hast du noch was vor? Hast wohl ein nettes Mädchen in Brochthausen getroffen?«, frotzelte Cop.

»Ha, ha. Mädchen aus Brochthausen. Nee, niemals. Wenn Mädchen, dann muss es aus Duderstadt sein und VFL-Fan. Sonst läuft nix. Ich muss bei meinen Eltern den Rasen mähen und die Blumen gießen. Die sind im Urlaub. Aber hinterher leg ich mir was auf den Grill und trink mit Nachbar Klaus ein Bierchen. Kannst ja vorbeigucken.«

»Jau, das ist ein Wort. Mach ich doch glatt«, bedankte sich Cop für die Einladung.

»Und ich geh zu Mathilde nach Hause, auch Rasen mähen. Hmpf.«

Menschen stolpern nicht über Berge,
sondern über Maulwurfshügel.
– Konfuzius –

Kapitel 20

Kurz vor Mitternacht klingelte bei Schneiders das Telefon. Schlaftrunken ging er dran.

»Hauptkommissar Schneider?«

»Ja, was gibt's?«

»Wachtmeister Berthold, Dienststelle Gieboldehausen. Bei uns ist ein Notruf eingegangen. Kam aus der Ohlenroder Straße. Kollege Kowalski sagte, dass das für Sie interessant sein könnte. Sie ermitteln doch in dem Fall ›von Düngen‹. Wir sind jetzt unterwegs.«

»Hmpf. Danke! Ja, das ist wirklich interessant. Ich komme!«, sagte Schneider, legte auf und überlegte: *Was ist da passiert? Ist Frau von Düngen verunglückt? Dann hätte sie den Notarzt, nicht die Polizei gerufen. – Ein Hilferuf? Warum? – Hat jemand Frau von Düngen tot aufgefunden? Die Mutter aus Bad Lauterberg vielleicht. – Oder ein banaler Einbruch?*

Mitten in Schneiders Gedanken rief Mathilde: »Was ist denn los?«

»Hmpf. Schlaf weiter. Ich muss noch mal weg.«

Er ging ins Bad, zog sich an, holte seine Waffe aus dem Schließfach unter der Treppe und wollte gerade zur Haustür gehen, da stand Mathilde barfuß vor ihm.

»Wieso musst du mitten in der Nacht weg?«

»Einsatz. Hmpf.«

»Soll ich dir noch schnell einen Kaffee zum Wachbleiben kochen?«

»Hmpf. Nein, Mathilde! Da ist ein Notruf eingegangen. Ich hab´s eilig!«

»Aber dafür sind doch die Streifenbeamten da. Oder haben sie dich degradiert? Also, die Furtwängler, die kennst du doch, die haben sie auch von Hannover nach Göttingen strafversetzt, weil sie wohl was falsch gemacht hat. Hab ich im Fernsehen gesehen.«

»Oh Gott, Mathilde. Nein! Ich spiele hier nicht ›Tatort‹, ich hab auch nichts falsch gemacht. Ich bin im Einsatz! Ganz real, kein Film! Nerv also nicht. Tschüss!«

Er zog die Haustür zu, schüttelte schniefend den Kopf und dachte. *Hoffentlich war das nur ihre Schlaftrunkenheit. Sonst muss ich mir wirklich Sorgen machen.* Er lief den Plattenweg entlang zum Auto. Die Straßen waren leer, da müsste er die Strecke in zwölf Minuten schaffen. Er versuchte seine Gedanken zu ordnen, verschiedene Szenarien durchzuspielen. Wäre er doch noch gestern Abend zu Frau von Düngen gefahren. Hätte er Schlimmeres verhindern können? Vielleicht hatte sie erfahren, dass ihr Mann schwul war, und diese angebliche Schande nicht ertragen? *Was andere von ihr denken, scheint ihr sehr wichtig zu sein.* »Hmpf, hmpf«, überlegte er leise vor sich hinschnüffelnd.

Die Häuser in der Ohlenroder Straße lagen im Dunkeln. Nur jede zweite Straßenlampe brannte noch. Durch das Glas der Haustür bei von Düngens aber schien Licht. Vor dem Haus stand die Polizeistreife. Schneider hielt dahinter. Als er ausstieg, kam Kowalski auf ihn zugelaufen, während der Kollege Berthold vor der Tür wartete.

»Drinnen ist jemand, macht aber nicht auf. Wir haben Poltern gehört und sind ums Haus gelaufen. Hinten zum Garten sind die Jalousien runtergelassen, alles dicht.«

»Hmpf. Schau'n wir mal. Vielleicht ist es ganz harmlos«, hoffte Schneider. Er ging zur Haustür, begrüßte den Kollegen, bedankte sich, dass sie ihn angerufen hatten, und klingelte. Der wohlklingende Dreiklang der Glocke wirkte unpassend. Er lauschte an der Tür und versuchte durch das schmale Glasfenster am Türelement etwas zu erkennen. Das Wohnzimmer war hell erleuchtet, durch die Glastür schien das Licht bis in den Flur. Schemenhaft konnte er eine Person im Wohnzimmer erkennen. Von den Umrissen her war es ein Mann. Niemand schien sein Läuten gehört zu haben. Er klingelte Sturm. Plötzlich wurde die Glastür aufgerissen. Ein dumpfer Knall ließ die drei Beamten zusammenzucken, die Haustür vibrierte.

»Ein Schuss!«

Mit einem Sprung die Treppenstufen hinunter brachten sich die Männer in Sicherheit.

»Die Kugel ist zum Glück im Metall der Tür steckengeblieben«, keuchte Schneider erleichtert, zog seine Pistole und entsperrte sie.

Von drinnen brüllte eine Männerstimme: »Verschwindet! Oder die Frau ist tot!«

Schneiders Herz klopfte, die Nase juckte. Schniefend beruhigte er sich, atmete tief durch. Damit hatte er nicht gerechnet. Langsam kroch er die Treppenstufen wieder hinauf, blieb auf der letzten Stufe geduckt hocken, um außer Schussweite zu sein, und rief: »Hier spricht Hauptkommissar Schneider. Hören Sie mit dem Schießen auf! Lassen Sie uns reden!«

Er lauschte und wartete. Was würde passieren? Vorsichtig lugte er durch die bodentiefe Glasscheibe.

»Ich habe nichts mit Ihnen zu bereden. Hauen Sie ab, dann passiert der Frau nichts!«

Schneider wandte sich den Kollegen zu, die sich hinter dem kugelförmig beschnittenen Buchsbaum in Sicherheit gebracht und, wie er, die Pistolen gezogen hatten.

»Hmpf. Wir brauchen Verstärkung. Sofort.«

»Okay«, sagte Kowalski und lief zum Polizeiwagen, um sie anzufordern.

Schneider wandte sich wieder um und rief ins Haus: »Hören Sie, Sie machen einen Fehler. Lassen Sie uns reden! Was ist mit Frau von Düngen?«

»Verschwinden Sie! Was ich mit Frau von Düngen zu bereden habe, geht Sie nichts an. Lassen Sie uns in Ruhe, dann wird der Frau nichts passieren.«

»Ich denke, das sollte Frau von Düngen uns selbst sagen. Hören Sie mich, Frau von Düngen?«, rief Schneider.

Der nächste Schuss zersplitterte die Glasscheibe der Haustür und zischte haarscharf an Schneiders Kopf vorbei. Augenblicklich lag er platt auf der Treppe, heilfroh, dass er nicht getroffen war. Er schaute sich zu den Kollegen um. Sie hockten unversehrt, aber verschreckt hinter dem Buchsbaum.

Gott sei Dank, dachte Schneider erleichtert. *Ich muss den Mann beruhigen, damit es nicht weiter eskaliert. Der ist unberechenbar. Er fühlt sich in die Enge getrieben, und das ist brandgefährlich. Die Frau ist in höchster Gefahr. Hoffentlich lebt sie noch. Bis die Kollegen aus Göttingen eintreffen, kann es zu spät sein.*

Vorsichtig hob er den Kopf. Leider war die Sicht durch das zersplitterte Glas schlecht. *Ich muss die Frau aus dem Haus kriegen. Das bedeutet: Ich muss rein.* »Berthold? Guck mal, ob man durchs Garagentor ins Haus kommt. Das wäre eine kleine Möglichkeit, wenn überhaupt.«

Der Wachtmeister lief die Schräge der Garageneinfahrt hinunter. In das breite, elektrisch betriebene Garagentor war rechts eine Tür eingebaut, durch die man in den Keller gelangen konnte, ohne das große Tor zu öffnen. Er fasste auf die Klinke. Wie erwartet war sie abgeschlossen. Auch das große Tor ließ sich nicht öffnen. »Mist«, fluchte er und lief zu Schneider zurück. »Das Tor ist zu, aber da ist eine Tür im Tor. Allerdings ist die auch zu«, erklärte er.

Schneider horchte auf. »Gibt es eine Alarmanlage?«

»Nein, ich hab keine gefunden, obwohl man hier so einiges mitgehen lassen könnte. Daran hat man wohl gespart.«

»Hmpf. Die Leute denken immer noch, dass im Eichsfeld der eine auf den andern aufpasst«, grinste Schneider und dachte an das Gedicht aus dem Buch ›Mordsgeschichten aus dem Eichsfeld‹. Auch in diesem Fall war es gut, dass das Haus nicht gesichert war. »Haltet hier die Stellung. Ich nehme mir die Tür vor.« Er verließ seinen Platz und lief zum Auto. Im Handschuhfach hatte er das richtige Werkzeug zum Öffnen von Schlössern. Schon in der Ausbildung hatten sie als Anwärter die Kniffe von Einbrechern ausprobiert. Er hatte es trainiert, regelrecht eine Leidenschaft dafür entwickelt. Bis jetzt hatte er noch jedes Schloss, das nicht alarmgesichert war, geknackt. Würde der Schütze da drinnen so lange Ruhe bewahren? Er stellte sich vor, wie der Mann aufgeregt durchs Wohnzimmer tigerte und seine Lage durchdachte, während Frau von Düngen voller Angst in ihrem Sessel vor ihm zitterte. Er musste handeln. Der Mann durfte nicht zu dem Schluss kommen, dass es für ihn ausweglos war. Er würde Frau von Düngen und sich selbst eher erschießen, als sich zu stellen. Dieser Kerl würde alles auf eine Karte setzen. Er handelte emotional, ohne Verstand. Das machte ihn gefährlich.

Als Schneider die Einfahrt hinunterlief, schaltete sich eine Lampe an und erhellte die Fläche vor der Garage. »Sehr schön, hmpf.« Schneider zog das Spezialmesser aus dem Etui, guckte sich das Schloss an. In wenigen Minuten war es geknackt. Er lief ein Stück zurück und signalisierte Kowalski zu kommen. Wachtmeister Berthold sollte die Haustür bewachen und die Göttinger Kollegen einweisen, wenn sie kamen.

Lautlos schlichen die beiden Männer in die Garage, schlossen die Tür hinter sich. Schneider schaltete die Lampe an seinem Handy an. Das Licht reichte, um sich zu orientieren. Frau von Düngens Sportcoupé stand auf dem rechten Stellplatz, der linke war leer. Das Auto von Adalbert von Düngen wurde noch bei der KTU auf Spuren untersucht.

Die Brandschutztür in den Kellerflur ließ sich schwer öffnen. Sie quietschte, als Schneider sie aufstieß. Hoffentlich hatten sie es oben nicht gehört. Sie schlichen durch den langen, dunklen Flur. Hinter welcher der fünf Türen befand sich die Treppe hinauf ins Erdgeschoss?

Plötzlich hörten sie Schritte. »Hmpf, hmpf!« Sie lauschten. Kam jemand die Kellertreppe hinunter? Schneider öffnete schnell die nächste Tür. Leichter Chlorgeruch stieg ihm in die Nase. Er machte Kowalski erleichtert ein Zeichen. *Hier rein!* Sie schlüpften lautlos in den Raum. Durch einen Lichtschacht fiel fahles Mondlicht herein. Vor ihnen glitzerte einladend die Wasserfläche eines geschmackvoll eingerichteten Schwimmbades. Sie ließen die Tür einen Spalt weit offen und horchten. Eine Tür wurde geöffnet. Schritte kamen näher. Schneider lugte mit einem Auge durch den Türschlitz, seine Pistole im Anschlag. Im nächsten Moment ging das Licht an. Es blendete stark. Er blinzelte. Frau von Düngen kam über den Flur, würde gleich dicht an ihm vorbeigehen. Als sie direkt an seiner Tür war, blieb sie für einen Moment stehen. Hatte sie ihn gesehen? Er hätte sie am liebsten geschnappt und zu sich in den Raum gezogen. Wäre da nicht das Jagdgewehr, das ihr der Mann dahinter in den Rücken drückte.

»Los, vorwärts! Wo hast du deine Karre stehen?«, fragte er barsch und stieß sie.

Der will türmen und nimmt die Frau als Geisel! Schneider überlegte. *Kann ich den überrumpeln?* Er verwarf den Gedanken sofort. *Nee. Der steht unter Stress. Wenn ich ihn erschrecke, wird er abdrücken, und die Frau ist tot.* Schneider versuchte, sich das Äußere des Mannes einzuprägen. Er hatte eine Jeanshose und Arbeiterschuhe an, olivgrünes T-Shirt. Ein tarnfarbenes Multifunktionstuch verdeckte sein Gesicht. Blonde Haarstoppeln und die Augen waren zu sehen. *So was tragen Motorradfahrer, Soldaten ...* Wie ein Blitz traf Schneider eine Eingebung. *Und Jäger! – Das ist Hanno Ballhausen!* Er hatte ihn am Sonntag zwar nur von weitem im Wald beobachtet, aber je mehr er seine Gangart und Gestik betrachtete, umso sicherer erschien es ihm. Auch die Aussagen von Rosi Ballhausen passten zu diesem Mann.

Die beiden verschwanden in der Garage. Ballhausen schloss die Tür hinter sich.

Schneider blickte sich zu Kowalski um. »Die türmen und wir sitzen hier im Schwimmbad! Bis die Göttinger Kollegen kommen, sind die längst über alle Berge. Wäre ich jetzt draußen, könnte ich meinen Wagen vor die Einfahrt fahren. Verflixt noch mal.«

Er hatte den Satz noch nicht zu Ende gesprochen, da rannte er auch schon los, die Treppe hinauf ins Erdgeschoss. Von dort zur Haustür. Er riss sie auf und hätte beinahe den Kollegen Berthold, der ihm den Weg blockierte, von den Stufen gestürzt.

»Los! Die Einfahrt zur Garage absperren!«, schrie er ihn an.

Berthold reagierte sofort. Beide liefen zu ihren Autos. Schneider sprang in seinen Wagen. Würde er es schaffen? Er stellte seinen Motor an, sah, wie sich das Garagentor langsam öffnete. Der Fahrer des Sportcoupés dahinter wartete ungeduldig, wie bei einem Autorennen mit aufheulendem Motor, um, sobald die Öffnung groß genug war, zu starten. Schneider gab Gas und fuhr quer vor die Einfahrt. Im gleichen Moment schoss das Sportcoupé die Steigung hinauf, rammte Schneiders vorderen linken Kotflügel, schob ihn beiseite, bog auf die Straße ab und fuhr mit quietschenden Reifen davon. Bei dem Aufprall hatte sich der Airbag in Schneiders Wagen aufgeblasen. Er saß hinter dem Lenkrad fest, fluchte und schlug mit den Händen wütend auf den dicken Ballon, ehe er in sich zusammenfiel. Dann machte er Berthold, der im Polizeiwagen hinter ihm saß, lebhaft Zeichen, die Flüchtigen doch zu verfolgen. Schneider hob betend die Hände, blickte flehend zum Himmel, als der Wachtmeister endlich Gas gab. *Cop, warum bist du nicht hier?* Kowalski kam mit gezogener Pistole aus der Garageneinfahrt auf ihn zu.

Gleich, an welchem Punkt eines Irrweges man umkehrt,
es ist immer ein Gewinn.
– Weisheit aus der Türkei –

Kapitel 21

Er hatte die Frau in den Kofferraum gesperrt, auch wenn sie sich lebhaft gewehrt hatte. Die Kratzer ihrer Fingernägel an seinem Arm würden ihn lange an sie erinnern. Das ärgerte ihn. Aber dafür hatte er sie mit einem Schlag ins Gesicht zu der Einsicht gebracht, dass ihr nichts anderes übrig blieb, als seinen Anweisungen Folge zu leisten. Widerwillig war sie in den engen Kofferraum gestiegen. Er hatte den Deckel über ihr geschlossen. Ein siegreiches Gefühl, wie nach dem Erlegen einer Wildsau, erfüllte ihn. Die Ausfahrt von der Garage war zwar von einem Kleinwagen blockiert, aber den Winzling hatte er mit Wucht einfach weggeschoben. Die Beule am Wagen juckte ihn nicht. Der andere hatte mehr abgekriegt. Der konnte ihn sicher nicht mehr verfolgen.

Er steuerte ihr Super-Gefährt, ohne zu befürchten, dass sie dazwischenquatschte oder versuchte abzuhauen. Außerdem musste er nachdenken, und das ging ohne das ständige Gewimmer einer Frau einfach besser. Er schaute in den Rückspiegel, grinste. *Ich hab sogar die Bullen in ihrem Auto gelinkt!* Niemand schien ihm zu folgen. Er zog die Maske unters Kinn, wischte sich mit der Hand das verschwitzte Gesicht. Adrenalin durchflutete seinen Körper, als er beschleunigte und mit hundertachtzig Sachen über die B27 Richtung Herzberg schoss. *Fährt sich viel besser als der Landrover. Gut, dass ich den beim Bootshaus vom Kanu-Club an der Rhume stehen gelassen habe.* Als Jugendlicher war Kanufahren mal sein Hobby gewesen. Deshalb kannte er die Gegend hinter dem Haus von Düngens gut, zumindest auf dem Wasser.

Mit sich zufrieden dachte er: *Keiner hat mich gesehen, und niemand weiß, wer ich bin. Morgen hole ich den Rover und lasse das schicke Auto dafür stehen. Eigentlich schade.*

Wenn es brenzlig wurde, kam er immer wieder gerade so eben mit einem blauen Auge davon. »Oma, du hast mir wieder mal den Arsch gerettet.« Die Erzählungen von seiner Oma aus Kriegszeiten, als die Russen in Zwinge und die Engländer für Brochthausen zuständig waren, hatten ihm immer imponiert. Oma hatte beide im Griff gehabt, hüben wie drüben. Sie hielt nichts von Ausländern und ihren Gesetzen, vertraute nur sich selbst. So wollte er es auch halten. *Was mache ich mit der Frau, wenn ich das Geld habe?,* überlegte er. Ein helles Licht blendete ihn. »Fuck! Ein Blitzer!« Auch wenn er in einem fremden Auto saß. Das passte ihm gar nicht. Er bremste, fuhr rechts ran, legte den Rückwärtsgang ein, fuhr auf dem Standstreifen zurück, nahm sein Gewehr von der Rückbank des Wagens, stieg aus, schaute sich um. Niemand in Sicht. Zwei Schuss und der Apparat gab seinen Geist auf. Zufrieden stieg er ein und fuhr weiter, ignorierte das Klopfen aus dem Kofferraum. In der Sieberstraße in Herzberg hielt er an. Das Messingschild mit der Aufschrift ›von Düngen und Köhler‹ verriet ihm, dass er hier richtig war. Er hatte es schon recherchiert, nachdem er die Fotos gemacht und den Eigentümer des SUV kannte. Einem Kumpel aus dem Rotenberger Angelverein, der bei der Zulassungsstelle arbeitete, hatte er von einem BMW-Fahrer, der nachts ihre Fischteiche im Rotenberg leerräumt, erzählt. Die Geschichte hatte ihre Wirkung nicht verfehlt. Er bekam den Namen des Besitzers im Nullkommanichts. Danach brauchte er nur noch eins und eins zusammenzählen.

Er nahm sein Gewehr, schaute sich draußen um. Die Straße war menschenleer. Einige Autos parkten vor den Häusern. Vorsichtig öffnete er den Kofferraum, hielt den Lauf der Büchse hinein. »Psst. Ein Laut und ich puste dich weg«, sagte er und erschrak im gleichen Augenblick. Leblos zusammengerollt lag Frau von Düngen vor ihm. Hoffentlich war sie nur ohnmächtig. *Das ›Psst‹ hätte ich mir sparen können,* dachte Ballhausen und ruckelte an der Frau. Sie bewegte sich nicht. Er hielt seinen Kopf in den Kofferraum und lauschte. Erleichtert richtete er sich wieder auf, als er sie atmen hörte. *Sie lebt. Na gut, dann gib mal deine Tasche mit dem Schlüssel zum Büro. Werde schon was finden.* Er zog ihr die Handtasche unter dem Arm heraus, klappte den Kofferraumdeckel wieder zu und ging zur Tür.

Und gerade dadurch, dass man sich irrt,
findet man manchmal den Weg.
– Vincent van Gogh –

Kapitel 22

Dienstag, 9. Juli, am Morgen

Unausgeschlafen, mit hämmernden Kopfschmerzen und sichtlich unzufrieden schaute Schneider am Morgen in das Büro seiner Kollegen.

»Moin, Chef«, begrüßte ihn Cop. Er hatte von Kowalski vom misslungenen Einsatz gestern Nacht und Schneiders kaputten Wagen gehört. Darum bemühte er sich, den Kommissar mit Glacéhandschuhen anzufassen, ihn erst einmal nicht darauf anzusprechen. Er würde ihnen zur rechten Zeit schon alles erzählen.

»Ja. Morgen. Hmpf, hoffentlich läuft's heute besser. Lasst mir noch 'ne Viertelstunde. Ich muss erst alles sortieren«, erklärte Schneider und blickte Cop dankbar an.

Fuzzi konnte sich natürlich eine dumme Bemerkung nicht verkneifen. »Ist wohl gestern Abend ordentlich in die Hose gegangen, was?« Schadenfroh warf er den Satz von seinem Schreibtischplatz aus in die Runde und grinste.

»So kann man's auch sagen«, antwortete Schneider mümmelnd verschnupft. »Hmpf, hmpf.«

»Gefühlvoll wie ein Dinosaurier«, kommentierte Cop, während Schneider die Tür scheppernd ins Schloss fallen ließ. »Du hast sie doch nicht mehr alle«, fuhr er seinen Kollegen an. »Sei froh, dass du nicht dabei warst. Mit einem Geiselnehmer konnte doch keiner rechnen.«

Fuzzi rollte genervt die Augen. »Man darf hier auch nichts sagen«, grummelte er.

Als sie fünfzehn Minuten später an Schneiders Tür klopften, hatte sich der Kommissar wieder im Griff.

»Hmpf, setzt euch. Wie ihr ja schon wisst kam gestern Nacht ein Notruf aus dem Hause von Düngen. Wir haben schnell gemerkt, dass es kein Unfall oder Ähnliches, sondern ein Hilferuf war. Die Frau wurde von einem Mann mit einem Jagdgewehr bedroht. Das Positive ist, dass ich ihn erkannt hab. Hanno Ballhausen. Meine Frau und ich haben ihn doch am Sonntag beim Wildern im Rotenberg gesehen. Er hatte zwar gestern ein Tuch vors Gesicht gezogen, aber ich bin mir trotzdem sicher, dass er es war. Ja, fest überzeugt, dass er die von Düngen erpresst. Womit, müssen wir klären. Sie konnte den Notruf absetzen, ohne dass er etwas gemerkt hat. Als wir dann aufgetaucht sind und geklingelt haben, ist das Ganze aus dem Ruder gelaufen. Der Mann fühlte sich in die Enge getrieben, hat geschossen und sie als Geisel in ihrem Sportwagen mitgenommen. Die Fahndung läuft. Wenn wir den Landrover vom Forst finden, den hat er sicher irgendwo in der Nähe der Ohlenroder Straße abgestellt, ist es amtlich. Vielleicht hat Ballhausen beim Wildern den Mord an Josefine beobachtet, zumindest hat er etwas gesehen, womit er Druck ausüben kann. Stellt sich die Frage, ob er bei Frau oder Herrn von Düngen die wunde Stelle kennt. Wir müssen das überprüfen. Wo waren die am Mittwochabend? Von Bad Sachsa braucht man eine halbe Stunde bis in den Rotenberg. Frau von Düngen können wir also nicht ausschließen. War ihr Auftritt zuhause eine Show? Möglich. Den Mann haben wir leider nicht lebend kennengelernt. Bleibt die Frage: Wo war er am Mittwoch? Warum hätte er erst seine Tochter umbringen sollen und zwei Tage später sich selbst das Leben nehmen? Ich muss den Brief nachher nochmal lesen. Ballhausen ist demnach nicht der Mörder von Josefine. Wäre ja auch zu einfach gewesen. Dafür ist er als Geiselnehmer höchst gefährlich, unberechenbar und aggressiv. Wir müssen die Frau finden, und zwar schnell! Der Lagerleiter, Jan-Hendrik Huber alias

Henne, scheidet nach der Jagd heute Nacht als Hauptverdächtiger erst einmal aus. Trotzdem sollten wir ihn im Auge behalten. Der Mann verschweigt uns etwas. Mit Sicherheit hat das mit dem Fall Josefine zu tun. Ich komm noch drauf. Hmpf... So, das war das Wichtigste. Hab ich was vergessen?«

Fuzzi kratzte sich verlegen am Kopf. »Wow, da ist ja 'ne Menge gestern Nacht passiert.«

Schneider reagierte nicht darauf. »Hmpf. Cop, du kommst mit mir, Hanno Ballhausen suchen. Ich überlege die ganze Zeit, wo er sich verstecken könnte.«

»Eine Zivilstreife ist zu ihm nachhause gefahren. Sie warten jetzt vor der Haustür. Bislang ist er dort noch nicht aufgetaucht«, meinte Cop.

»Hmpf, okay. Bleiben zwei Möglichkeiten, die meiner Meinung nach in Betracht kommen. Wir fahren in den Rotenberg und gucken am Teich bei der Hütte, aber auch in dem Forst-Bauwagen, wo er sein Wild ausgeweidet hat. Ich hab übrigens beim Forstamt wegen der beiden anderen Waldarbeiter nachgefragt. Die hätten uns vielleicht mehr über Ballhausen sagen können. Leider haben die seit dem letzten Wochenende Urlaub, sind mit ihren Familien unterwegs. Andererseits bedeutet das, dass Ballhausen im Wald freie Hand hat. Er könnte also dort untertauchen, denn er weiß ja nicht, dass wir von ihm und seinen Machenschaften wissen.« Das Telefon auf Schneiders Schreibtisch klingelte. »Ja, was gibt's?«

»Wir kriegen gerade die Meldung, dass im Immobilienbüro ›von Düngen und Köhler‹ in der Nacht die Räume verwüstet wurden und der Tresor leergeräumt ist. Die Tür war aber nicht aufgebrochen. Die Sekretärin hat bei den Kollegen in Herzberg angerufen. Die sind bereits vor Ort«, sagte der Diensthabende unten in der Zentrale.

»Hmpf. Danke!« Schneider legte auf. »Das hätte ich mir denken müssen. Klar! Das Bargeld von zuhause hat Ballhausen nicht gereicht. Mit dem schnellen Wagen hat er noch 'ne Spritztour nach Herzberg gemacht. Hoffen wir, dass er Frau von Düngen nicht irgendwo entsorgt hat. Er weiß sicher nicht, was er mit ihr machen soll. Wir müssen den Kerl kriegen. So schnell wie möglich. Fuzzi, frag mal in Gieboldehausen nach, ob sie den Landrover endlich gefunden haben.«

»Wird sofort erledigt, Chef!«

»Und dann suchst du nach Aktivitäten von Ballhausen. Welche Freunde hat er? Wo verbringt er seine Freizeit? Such nach Orten, Plätzen, wo er sich in Sicherheit fühlt, auch im Obereichsfeld. Klar? Wenn du was hast, ruf an. Sofort!«

»Jawoll«, nickte Fuzzi.

Schneider und Cop nahmen einen Wagen der Zivilstreife. Der Kommissar überließ dem Oberwachtmeister das Steuer. Sein privates Auto würde heute noch in die Werkstatt abgeschleppt werden. Er hatte Mathilde noch nicht gebeichtet, dass ihr Wagen ziemlich demoliert in Gieboldehausen stand. Den Redeschwall, der auf ihn herabkommen würde, wollte er jetzt noch nicht über sich ergehen lassen, obwohl er wusste, dass es unvermeidlich war. Aber sein Kopf dröhnte von dem Aufprall dermaßen, dass er beschlossen hatte zu warten, bis es ihm wieder besser ging. Eigentlich müsste er damit zum Arzt. Der würde ihm eine Halskrause verpassen, die er sowieso nicht tragen würde. *Später. Alles hat seine Zeit.* Hmpf, hmpf.

Sie hatten Hilkerode passiert, als sein Handy ›I´m on fire‹ dudelte.

»Ja?«

Er stellte auf laut, damit Cop mithören konnte.

»Chef, die haben nicht den Landrover, sondern den Sportwagen gefunden! Mit eingedrückter Schnauze. Kowalski hat ihn auf dem Parkplatz vom Kanu-Club in Gieboldehausen entdeckt. Der Wagen ist abgeschlossen. Da sind noch Spuren von einem anderen Fahrzeug im Sand.«

»Gut, danke! Sag denen, die sollen das Auto aufmachen und untersuchen. Und einen Abdruck von den anderen Reifenspuren will ich auch haben. Wo ist denn der Kanu-Club?«

»Äh, Moment. Muss kurz googeln ... Äh, da fährst du auf der B27 Richtung Herzberg. Noch vor Elbingerode ist rechts ein Bauernhof. Da geht's runter an die Rhume. Und soll ich dir was sagen? Da ist eine Brücke über das Wasser! Von dort kommst du direkt in die Ohlenroder Straße zu von Düngens Haus. Ist ja geil«, staunte Fuzzi, als er die Landkarte vergrößerte.

»Gut! Danke Fuzzi. Melde dich, wenn die Kollegen das Auto geknackt haben, oder wenn´s was Neues gibt.« Schneider legte auf. »Na, geht doch. Hmpf. Dann hatte Ballhausen dort den Landrover abgestellt.«

»Genau. Und jetzt hat er ihn wieder geholt. Der Sportwagen würde in Brochthausen auffallen. Mit dem Landrover kann er zur Jagdhütte oder zum Bauwagen, ohne dass jemandem das komisch vorkommt. Ist die von Düngen noch bei ihm oder nicht?«, fragte Cop und blickte Schneider an.

»Kann beides sein. Ich weiß nicht, was mir lieber wäre. Hauptsache, sie lebt. Hmpf. Und hoffentlich steckt er hier im Wald und nicht woanders.«

Cop parkte abseits vom Weg, denn es konnte sein, dass Ballhausen erst noch kommen würde. Sie mussten ihn in Sicherheit wiegen.

»Hast du dein Handy leise gestellt?«, fragte Schneider und stellte seines lautlos. Er fasste sich an die Seite, ob die Pistole richtig saß, und nickte seinem Kollegen zu. Ab jetzt würden sie sich so geräuschlos wie möglich auf die Pirsch machen. Cop schwitzte, obwohl die Temperaturen drastisch gefallen waren und das Thermometer heute keine fünfzehn Grad anzeigte. Er kannte diesen Wald im Gegensatz zu Schneider überhaupt nicht. Blieb nur, dem Chef auf den Fersen zu bleiben. Hier würde er sich verlaufen. Er war durch und durch Stadtmensch. Sie gingen den Hüttenweg entlang. An der Stelle, wo Schneider und Mathilde den Schuss gehört hatten, blieben sie einen Moment stehen. Schneider wies Cop den Platz zu, an dem auch Mathilde gehockt hatte. Er selbst kroch hinter den Holzstoß, um in Richtung Bauwagen zu gucken. »Scheint ruhig zu sein.«

Sie gingen bis an die Abzweigung. Hier hatte Ballhausen den Landrover am Sonntag abgestellt. Der Platz war leer. Geduckt von Baum zu Baum schleichend näherten sie sich, lauschten auf ein von Menschen gemachtes Geräusch. Außer dem leisen Rauschen der Blätter vom Wind war nichts zu hören. Schneider wagte sich aus der Deckung und ging auf die fahrbare Hütte zu. Sie war abgeschlossen. Die Fensterläden zu. Weiter hinten stand ein Herzhäuschen, das er auch untersuchte. Niemand war heute hier gewesen.

»Hmpf«, schniefte er enttäuscht. Hatte er sich in Hanno Ballhausen geirrt? Tickte er anders, als der Kommissar ihn einschätzte? »Hier ist keiner und auch keiner gewesen«, resümierte er. »Also zum Nächsten. Hoffen wir, dass wir dort fündig werden.«

Cop nickte. Sie gingen den Weg zurück und dann weiter zum Teich hinunter. Kurz vor der Abzweigung machte Schneider ein Zeichen. *Nach rechts abbiegen.* Fünfzig Meter weiter lachte Cop ein Baumstamm mit einem lustig geschnitzten Gesicht an. Ein Waldgeist? Der Wächter für die Hütte und den Teich. Er betrachtete die lustige Skulptur, als Schneider den Zeigefinger an den Mund legte und mit dem Kopf nach vorn wies. Rechts vor der Hütte stand der Landrover. Cop atmete tief ein und aus, hob den Daumen. *Bingo. Packen wir das Schwein.* Sie schlichen sich bis ans Haus, zogen ihre Pistolen. Schneider nahm die linke Seite und wies den Kollegen an, rechtsherum zu gehen um die Lage zu sondieren. Die Stoffgardinen an den Fenstern waren zugezogen. An der Westseite war ein kleiner Lagerschuppen angebaut, der mit Brennholz, einer Axt und anderen Werkzeugen gefüllt war. Vor dem Haus, an der Terrasse, trafen sie sich, machten Zeichen, dass ihnen nichts Ungewöhnliches aufgefallen war. Das Holzschild an der Hauswand nahm Cop nur beiläufig wahr. Sein ganzer Körper war angespannt, wartete auf den Einsatz, Ballhausen endlich festzusetzen. Auch Schneider war in Habachtstellung, aber sein Puls schlug im Gegensatz zu Cops ruhig und gleichmäßig. Er suchte mit den Augen die Gegend ab und überlegte: *Sitzt Ballhausen mit der Frau im Haus oder springt er irgendwo hier draußen rum? Von drinnen hört man nichts. Hineingucken kann ich nicht.* Er wog die Möglichkeiten ab. Fasste er auf die Klinke der Metalltür, würde Ballhausen, wenn er drinnen war, sofort reagieren und zur Büchse greifen. Wäre die Tür nicht abgeschlossen, könnte Schneider schneller sein als er und ihn überrumpeln. Hatte Ballhausen die Tür aber von innen verriegelt, hätten sie keine Möglichkeit, ihn da herauszuholen, ohne dass was passierte. Dann hätte er die gleiche Situation wie in Gieboldehausen. Diesmal würde Ballhausen nicht lange fackeln, er war übermüdet, hatte bestimmt nicht geschlafen. Schneider konzentrierte sich, stellte sich vor, was hinter der Tür vor sich ging. *Wenn die von Düngen zusammen mit Ballhausen da drinnen sitzt, wird einer von beiden mal reden. Die schweigen sich doch nicht an. Zumindest aber wird man Geräusche hören.* Er signalisierte Cop, noch ein wenig zu warten. Wie zwei Salzsäulen standen sie nun vor der Tür, ganz auf ihr Gehör konzentriert. Cop erschien die Zeit unendlich lang. Waren es zwei Minuten oder zwanzig? Er hätte es nicht sagen können. Endlich nickte Schneider, hob seine Pistole, machte einen Schritt auf die Tür zu. Die Dielen der Terrasse knarzten. In Zeitlupe drückte er die Klinke hinunter, riss dann mit einem Ruck die Tür auf. Sie war offen! Schneider sprang hinein und Ballhausen hoch. Er hatte sich auf das Schlafsofa gelegt, die Büchse in der Hand.

»Hände hoch! Gewehr an die Seite!«, brüllte Schneider. Er trat Ballhausen mit dem Fuß zurück aufs Sofa. Ein Schuss fiel. Der Waldarbeiter hatte abgedrückt. Das Geschoss flog durch die Decke. Schneider riss ihm das Gewehr aus der Hand, ehe er neu laden konnte, und schmiss es zur Seite. Cop fing es auf. »Feierabend! Los aufstehen!«

Während Ballhausen sich mit erhobenen Händen vom Sofa erhob, reichte Cop dem Kommissar Handschellen rüber. Schneider legte sie Ballhausen an, drückte ihn auf einen Stuhl. Er nahm sich einen anderen, setzte sich gegenüber an den Tisch und schaute ihm direkt in die Augen.

»Wo ist Frau von Düngen?«

Ballhausen zog die Stirn kraus, checkte seine Lage. Er konnte sich keinen Reim darauf machen, dass die Bullen nun vor ihm standen. *Woher wussten sie …?*

»Mach den Mund auf! Was hast du mit der Frau gemacht?«, drohte Schneider lauter werdend.

»Ich verstehe nicht. Was wollen Sie von mir? Ich hab hier geschlafen. Was für eine Frau? Meine ist zuhause, wie ich hoffe«, tat Ballhausen völlig unschuldig.

»Hmpf, hmpf«, mümmelte Schneider. So kam er nicht weiter. Er versuchte es anders. »Also gut. Dann will ich dir auf die Sprünge helfen. Du warst in der Nacht bei von Düngen in Gieboldehausen. Ich habe dich gesehen. Du hast zweimal geschossen. Sei froh, dass du niemanden getroffen hast. Dann bist du mit dem Sportwagen aus der Garage geflüchtet, hast dabei mein Auto zu Schrott gefahren. Heute Morgen hat sich die Sekretärin aus dem Immobilienbüro in Herzberg gemeldet. Da ist alles verwüstet. Die Kollegen sind vor Ort. Die werden deine Fingerabdrücke finden. Da kannst du Gift drauf nehmen. Hättest Handschuhe anziehen sollen. Deine Sturmmütze reicht dafür nicht. Soll ich weitermachen? Oder kriegst du langsam den Mund auf? Es könnte sich günstig auf dein Strafmaß auswirken, wenn du uns auch erzählst, was du gegen die von Düngens in der Hand hast.«

Ballhausen zog eine Schnute, schien zu überlegen. »Ich sag kein Wort. Sie blubbern doch nur. Ich war hier. Die ganze Nacht. Wollte einen Bock schießen. Hat aber nicht geklappt. Hab mich dann zum Schlafen hingelegt.« Er hatte sich entschieden. Wildern war das kleinere Übel.

Schneider stand auf. »Hmpf. Cop, ruf die Kollegen. Sie sollen hier alles auf den Kopf stellen. Hmpf.« Er setzte sich wieder und sagte fast beiläufig: »Und frag Fuzzi, ob sie den tollen Sportwagen beim Kanu-Club endlich geknackt haben.« Dabei musterte er Ballhausens Gesichtsmimik genau. *Bingo, ich hab genug gesehen,* dachte er voller Genugtuung. Es war nur eine winzige Regung gewesen, eine kurze Anspannung der Kiefermuskulatur. Er dachte nach. Sein Blick fiel auf das Sofa. Dort lag das Handy von Ballhausen. Unter lautem Protest nahm er es an sich.

»Das dürfen Sie nicht!«

Schneider grinste ihn an: »Du guckst doch sicher Krimis im Fernsehen. Was sagen die Kommissare dann?« Er wartete einen Moment: »Genau: Gefahr in Verzug!«, sang er.

Das Handy war erst vor kurzem betätigt worden. Er konnte ungehindert scrollen, zuerst die Kontakte, dann die Fotos.

»Aaah, Cop, schau mal, was ich gefunden habe. Gleich mehrere Bilder bei Nacht! Der Wilderer als Fotograf! Tja, dumm gelaufen. Hättest mir das verraten sollen. Dann hätte ich mehr als ein gutes Wort für dich eingelegt. Hmpf. Chance vertan.«

Cop sah sich die Fotos an. Sie waren nachts aufgenommen und zeigten einen Mann, der rückwärts aus dem Haus kommt und einen leblosen Körper hinter sich her zieht. Auf dem nächsten Bild trägt der Mann eine Frau auf dem Arm. Das dritte Bild war am deutlichsten. Cop erkannte Josefine an der Kleidung, aber auch Adalbert von Düngens Gesicht war zu sehen. Sein Bild hing an der Pinnwand in Schneiders Büro.

»Klasse Fotos, ich staune, was Handys so können.« Er gab Schneider das Handy zurück, weil seines in der Hosentasche gerade vibrierte. »Ja Fuzzi, was ist los? – Oh nein. Willste den Chef sprechen?« Cop reichte es Schneider herüber.

Niemand kommt von einer Reise so zurück,
wie er weggefahren ist.
– Graham Greene –

Kapitel 23

Thomas Stakenbrück klopfte im St. Martini Krankenhaus an die Tür von Zimmer 206. Mit flauem Gefühl betrat er den Raum. Erst heute Morgen hatte er sich dazu durchgerungen, Jan-Hendrik zu besuchen. Er wusste nicht, wie er ihm begegnen sollte. Hatte Jan was mit Josefines Tod zu tun? Oder hatte Jan ihn belastet? Die Polizisten hatten den Lehrer immer und immer wieder befragt. Er hatte doch von allem nichts mitgekriegt, nicht mal gemerkt, dass Josi mit Dirk Schluss gemacht hatte. Das war sein Problem. In der Schule hatte ihm der Direktor die Hölle heißgemacht. Auch die Eltern der Schüler waren außer sich, dass bei einer Klassenfahrt ein Mord passiert war. Im Netz wurde er beschimpft als unfähiger Pädagoge. Diese Reaktionen hatte er nicht erwartet, niemals. Nur zuhause bei seiner Frau hatte er Verständnis und Zuwendung gefunden. Sie litt mit ihm und hoffte, dass er diesen Albtraum irgendwann überwinden würde. Hatte er etwas übersehen, was falsch gemacht? Seine Aufsichtspflicht verletzt? Er quälte sich und hoffte, im Gespräch mit Jan-Hendrik einen Anker zu finden. Wie aber sollte er ihm begegnen? Auf welcher Seite stand der Lagerleiter? Er hatte sich sehr auffällig verhalten und musste ihm einiges erklären.

Thomas ging auf das Bett zu. »Hallo Jan. Wie geht's dir?«
Er legte ihm eine Packung Kekse auf den Nachttisch.

»Hey, Thomas. Schön dich zu sehen. Hast mich sogar wiedererkannt in meiner Tarnung«, grinste Jan-Hendrik ihn an.

»Na ja, gerade so eben. Siehst ja noch ziemlich mumienhaft aus.«

Das Eis war gebrochen, der Anfang gemacht. Thomas nahm sich einen Stuhl und setzte sich ans Bett. Sie unterhielten sich noch eine Weile über belanglose Dinge. Doch schon bald stellte sich die alte Vertrautheit ein. Thomas berichtete, was seit Freitag passiert war. Er erzählte, dass, nachdem die Befragung durch die Polizei abgeschlossen war, der Bus kam, um sie nach Hause zu bringen.

»Furchtbare Stunden. Aber das war erst der Anfang. In Göttingen liefen die Eltern Sturm, ...« Als er sich alles von der Seele geredet hatte, fragte er: »Und du? Was war eigentlich mit dir los? Warum bist du seit Mittwochmorgen so anders gewesen? Wie ein Irrer! Ich hab dich überhaupt nicht wiedererkannt. Sei ehrlich. Hast du was mit dem Tod von Josefine zu tun?«

Die Augen von Jan-Hendrik füllten sich mit Tränen. »Ich habe Josefine nicht umgebracht, wenn du das meinst. Und ich hatte auch nichts mit ihr. Trotzdem fühle ich mich irgendwie schuldig. Ich weiß nicht, wie ich es sagen soll, und auch nicht, wie ich damit weiterleben soll. Nur eins weiß ich: Gäbe es mich nicht, würde Josefine noch leben, und der Motorradfahrer, den ich über den Haufen gefahren habe, wäre auch nicht tot.«

»Red keinen Blödsinn.«

»Es stimmt aber.«

Jan-Hendrik legte den Kopf zur Seite, weinte still vor sich hin. Thomas schwieg einen Moment. Das konnte doch so nicht wahr sein. Er musste Jan aus diesem Loch, in das er gefallen war, herausholen, sonst würde es bald noch einen Toten geben.

»Mensch Jan, jetzt rede. Du kannst das nicht in dich reinfressen. Da gehst du dran kaputt«, sagte Thomas eindringlich.

»Ist doch egal.«

»Nein, das ist nicht egal. Ich gehe hier nicht weg, bis du mir alles erzählt hast. Danach sage ich dir, ob es egal ist.«

Ein Lächeln huschte über Jan-Hendriks Gesicht. Hier saß einer, dem es nicht egal war. Das tat gut. *Vielleicht sollte ich es mir von der Seele reden,* dachte er und entschied sich, Thomas alles zu erzählen. Einen anderen gab es nicht mehr in seinem Leben.

Es klopfte an der Tür. Kommissar Schneider trat ein, sah Thomas Stakenbrück an Hubers Bett sitzen.

»Hmpf. Guten Tag. Ich hoffe, ich störe nicht«, entschuldigte er sich, weil er spürte, dass die beiden Männer sehr persönlich miteinander waren.

Jan-Hendrik warf Thomas einen Blick zu. Dann schaute er den Kommissar an. »Ja, ist schon okay. Ich wollte grade bei Thomas meine Beichte ablegen. Vielleicht ist es ganz gut, wenn Sie auch zuhören. Sie lassen ja eh keine Ruhe.« Ein zaghaftes Lächeln umspielte seine Mundwinkel.

Erleichtert zog Schneider den anderen Stuhl vom Tisch ans Bett, setzte sich. »Das ist eine gute Entscheidung.«

Huber betätigte den Schalter am Bett um sich in eine bessere Sitzposition zu bringen und begann zu erzählen: »Schon seit ein paar Jahren hab ich ein Verhältnis mit einem verheirateten Mann, Adalbert von Düngen. Wir haben uns beim Angelsport kennen und lieben gelernt, konnten unsere Liebe immer geheim gehalten. Es hat uns gereicht, wenn wir uns ein- oder zweimal in der Woche getroffen haben. Adalbert hätte seine Familie niemals verlassen und sich als schwul geoutet. Josefine war das Wichtigste in seinem Leben. Wegen ihr hat er sogar seine Frau ertragen. Eine furchtbare Frau, Schickimicki in Reinform. Adalbert und sie hatten außer Josi nichts gemeinsam. Auch für mich war es einfacher, der normale Naturfreak zu sein. In einer Leiterposition steht man unter ständiger Beobachtung, und die Akzeptanz gegenüber Schwulen ist noch längst nicht in der Gesellschaft angekommen. Alles lief gut und harmonisch, auch mit den Schülern, Thomas. Ich wusste von Adalbert, dass Josi in deiner Klasse ist und mitkommt, kannte sie ja schon von Bildern. Weil sie aber von der Neigung ihres Vaters nichts ahnte und auch mich nicht kannte, war es kein Problem. Ich fand sie ziemlich zickig und egozentrisch, konnte das Adalbert aber nicht sagen. Väter sehen ihre Töchter wohl mit einer anderen Brille. Es wäre auch gut ausgegangen, wenn Fabian nicht einen Narren an mir gefressen hätte. Ich weiß nicht, warum, aber er hat sich total in mich verguckt, mich so was von angemacht, dass ich mich kaum wehren konnte. Der hat wohl erst vor kurzem gemerkt, dass er anders tickt als die übrigen Jungen. Jedenfalls ist er mir nicht mehr von der Pelle gerückt, hat mich belauscht, als ich einmal mit Adalbert telefoniert habe. Ich Blödmann hab dann mein Handy auf dem Tresen liegengelassen, weil ich den Pudding der Mädels probieren sollte. Fabian hat den Moment genutzt und nachgesehen, mit wem ich gesprochen habe. Damit hat er alles in Gang gesetzt. Er hat Josi unter die Nase gerieben, dass sie einen schwulen Vater hat und ich sein Lover bin. Die ist ausgerastet und hat am späten Abend ihren Vater angerufen. Adalbert gehört in Duderstadt in der Bahnhofstraße eine Seniorenresidenz, und dort haben wir uns eine kleine Souterrainwohnung mit separatem Eingang von der Seite eingerichtet. Wir waren die Woche über dort, weil Josi ja im Lager war und Adalberts Frau nach Bad Sachsa wollte. Josi hat jedenfalls einen Megaaufstand gemacht und ihren Vater in die Hütte unten am Teich zitiert. Die kannte sie von dem Arbeitseinsatz am Vortag. Ich hatte gleich so ein ungutes Gefühl, hab Adalbert abgeraten, dort hinzufahren. Keine Chance. Er war ihr hörig. Sie hat ihn so unter Druck gesetzt. Ganz die Mutter. Er ist dann los, und ich hab auf ihn gewartet. Nach ein paar Stunden kam er wieder, war völlig fertig. Er konnte erst gar nicht reden, hat dann aber doch erzählt, dass Josi über ihn hergefallen ist, ihn furchtbar beschimpft hat. Es ist zu einem Handgemenge gekommen, bei dem Josi gestürzt ist. Sie muss sich das Genick gebrochen haben. Adalbert hat nicht gewusst, was er machen soll, hat mit sich gerungen. Dann ist ihm das Kreuz von Ankerode eingefallen. Dort wollte er seine Tochter begraben. Er hat sie ins Auto gelegt und ist hingefahren, aber die Erde war knochentrocken. Er kam dann nach Duderstadt, völlig hilflos. Wir haben die ganze Nacht geredet. Ich wollte, dass er sich stellt. Es war ja ein Unfall. Aber er ist nicht darauf eingegangen. Wir haben uns dann entschieden, Josi am nächsten Abend richtig zu beerdigen, aber da hatten die Frauen sie ja schon gefunden. Seitdem war Adalbert völlig neben der Spur. Er sprach nicht mehr, saß nur apathisch da. Als er in der Zeitung gelesen hat, dass Josi gewürgt wurde, war es ganz aus. Daran konnte er sich überhaupt nicht erinnern, hatte einen Filmriss. Ich hab versucht, ihn zu beruhigen, hatte Sorge, dass er durchdreht. Am Freitagmorgen, als ich im Lager ankam, hat er mir die Nachricht geschickt, dass er so nicht mehr leben kann. Daraufhin bin ich natürlich wie ein Idiot nach Duderstadt gefahren, um mit ihm zu reden. Ich hatte solche Angst, dass er sich was antut. Das musste ich doch verhindern! Stattdessen hab ich einen Jugendlichen über den Haufen gefahren. Alles war umsonst. Nun bin ich ein Mörder«, beendete Huber seine Beichte.

»Hmpf. Ja, den Rest kennen wir«, resümierte Schneider. »Danke, das hilft uns und hoffentlich auch Ihnen. Eine Frage hab ich noch. Wie ist Josefine denn in der Nacht zur Hütte gekommen? Zu Fuß?«

»Nein, sie hat ein Rad vom Lager genommen. Ich hab das an dem Morgen entsorgt, als die Frauen mir begegnet sind.«

Schneider nickte. »Jetzt werden Sie erst mal gesund. Dann sehen wir weiter. Wenn ich noch Fragen habe, melde ich mich. Ihnen beiden alles Gute«, verabschiedete er sich und verließ den Raum.

Dass Frau von Düngen oben auf der Intensivstation um ihr Leben rang, mussten Huber und Stakenbrück nicht wissen. Die Gieboldehäuser Beamten hatten sie im Kofferraum ihres Sportwagens leblos aufgefunden und den Rettungswagen angefordert. Nun hoffte vor allem ihre Mutter, dass sie bald wieder aufwachte und gesund würde.

Der Fall war geklärt, Büroarbeit für viele Stunden standen ihnen bevor.

»Das alles ist nur passiert, weil ein Sechzehnjähriger auf das Handy eines anderen geschaut hat? Unglaublich, hmpf!«

Der Kommissar wusste, dass man es so sehen konnte. Jedes Unglück nimmt irgendwo seinen Anfang. Trotzdem endet ein gemachter Fehler nicht zwangsläufig in Mord und Totschlag. In diesem Fall hatten mehrere schwerwiegende Fehler begangen, waren in eine falsche Richtung gelaufen. Sie hatten den Weg aus den Augen verloren, sich im Dickicht ihrer Gefühle und Gedanken verstrickt. Die Entscheidung, wer von ihnen Schuld auf sich geladen hatte und verurteilt werden musste, überließ der Kommissar gern dem Richter. Für ihn waren es allesamt Menschen wie du und ich.

Wir sehen die Dinge nicht, wie sie sind,
wir sehen sie, wie wir sind.

– Anaïs Nin –

Epilog

Freitag, 26. Juli, um Mitternacht

Die Sirenen schrillten. Feuerwehrmänner sprangen in ihre Schutzkleidung, eilten zu den Löschfahrzeugen und rückten aus. In wenigen Minuten erreichten sie die Ohlenroder Straße. Das imposante Gebäude stand in hellen Flammen.

Feuerwehrmänner aus Gieboldehausen, Duderstadt und Herzberg legten ihre Schläuche in die Rhume, entzogen ihr das lebenspendende Wasser und versuchten vergeblich, den Brand unter Kontrolle zu bringen. Bis auf die Grundmauern verbrannte das Haus und mit ihm die Frau des Hauses, Melanie von Düngen. Sie hatte die Schmach in ihrem Leben nicht ertragen und allem ein Ende gesetzt.

Touren

Wandern ist die vollkommene Art der Fortbewegung,
wenn man das wahre Leben entdecken will.
Es ist der Weg in die Freiheit.
– Elisabeth von Arnim –

‚Schnüffel' auf Tour

Die Arbeit war erledigt, bis auf zwei, drei Tage Schreibkram. Trotzdem legte Hauptkommissar Schneider den Fall nur beruflich ad acta. Auf Schusters Rappen und mit dem Fahrrad nahm er sich den Rotenberg in seiner Freizeit vor. Je nach Lust und Laune wurden daraus Spaziergänge nach Feierabend, kleine Wanderungen, größere Touren.

»Dieser Höhenzug, der dem Harz vorgelagert ist und das Rhumetal vom Odertal trennt, hat es verdient, dass man ihn auch aus anderer Sicht erkundet, nicht nur mordsmäßig. Ich will ihn mit dir erwandern, meine Liebe, seine Schönheiten bestaunen. Glaub mir, da gibt es Ecken, wo du noch nie gewesen bist. Hmpf, hmpf«, erklärte er seiner Frau schnüffelnd. Aber das war nicht der einzige Grund. Schneider hoffte, dass er und Mathilde anknüpfen konnten an alte Zeiten, als Moni und Thomas noch mit ihnen unterwegs waren und die Familie viele glückliche Stunden draußen in der Natur verbrachte. Außerdem war die Zeit bis zu einem neuen Fall gut ausgefüllt. Fuzzi würde es so ausdrücken: *›Im Fall der Fälle ist Schnüffel auf Tour!‹*

Für den/die LeserIn hat der Kommissar **vier interessante Touren zum Nachwandern und eine zum Nachradeln** ausgesucht. Er ist nämlich der festen Überzeugung, dass man ein Buch, so spannend es auch sein mag, zwischendurch aus der Hand legen sollte, um selbst mordsmäßig (natürlich ohne Tote) unterwegs zu sein.

»Es ist unglaublich, was unsere eichsfeldische Heimat für tolle Ein- und Ausblicke bereithält, wie viele Naturschätze uns entgehen, wenn wir sie nicht bergen. Hmpf!« ;-)

Damit die Spannung nicht zu kurz kommt, schlägt ‚Schnüffel‘ vor, das Wandern und Radfahren durch **Geocaching**, der modernen Schatzsuche, zu intensivieren. Die hat der Kommissar von seinem Sohn Thomas kennen- und schätzen gelernt. Für ihn ist dieses Suchen nach den kleinen ‚Kästchen‘, die es zu finden gilt und in denen manchmal interessante Rätsel stecken, fast so spannend wie ein Kriminalfall. Er selbst hat für seine Touren GPS-Koordinaten angegeben, an denen sich ein **Cache** von ihm befindet. Wenn man mit Hilfe des Handys oder eines GPS-Gerätes den Platz gefunden hat, muss man genau schauen, um den gut versteckten Schatz zu entdecken. In jedem Kästchen steckt ein Rätsel.

Bitte nicht vergessen, das Kästchen für nachfolgende Sucher genau an den Platz, wo man es gefunden hat, mitsamt seinem Inhalt zurückzulegen! Danke!

Der Kommissar hofft, dass viele LeserInnen mitsamt ihren Familien und Freunden sich nun auf den Weg machen, den ‚Fall‘ zu lösen. Hat man von allen **vier Wandertouren und der Radtour die Caches** geknackt, lässt sich aus den Wortteilen ein **Lösungssatz** bilden. Dabei ist zu beachten, dass man des Rätsels Lösung niemand anderem verraten darf. Ehrenkodex! **Als Belohnung gibt es ein Buch zu gewinnen.** Man kann sogar zwischen einem Kinderbuch oder einem für Erwachsene wählen. Auf der Harzkrimi-Website unter der Rubrik *Tatorte* findet man unter ‚*Mordsmäßig unterwegs*‘ ein Formular, mit dem der Lösungssatz gemeldet und die Belohnung angefordert werden kann:

https://harzkrimis.de/content/tatorte/

1. Wanderung durchs Ellertal,
vorbei an der Wüstung Ankerode

- Cache Position: 51° 33.856
  10° 19.450
- Länge: 7,8 km (lange Strecke),
  Abkürzung möglich
- Besonderes: geteerter Rad- und Wanderweg,
  lange Strecke mit Waldweg;
  sonnig, im Wald schattig;
  kurze Strecke bei
  jedem Wetter begehbar

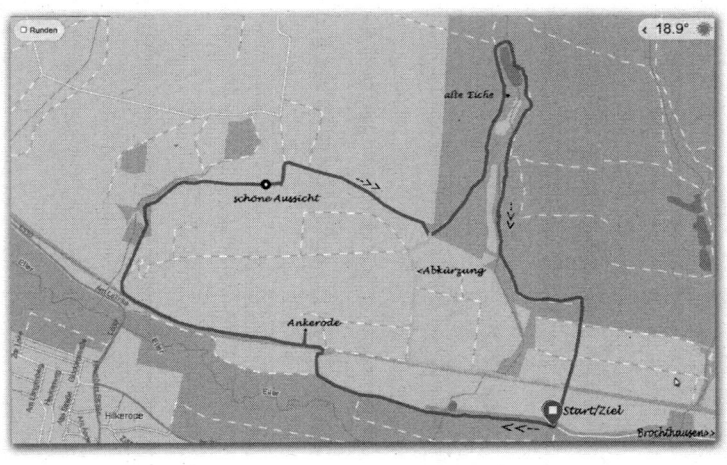

<u>Anfahrt:</u>

Auf der Landstraße zwischen den Orten Hilkerode und Brochthausen biegen wir, von Brochthausen kommend, ungefähr auf halber Strecke rechts in den gepflasterten Weg ab und fahren über die Ellerbach-Brücke bis zum Radweg. Dort halten wir.

- Wir gehen links gen Westen Richtung Hilkerode, vorbei an einem Tiergehege mit Damwild und Fischteichen.
- In der scharfen S-Kurve bleiben wir auf dem geteerten Weg und biegen an der Wegkreuzung links ab. Ungefähr 100 m vor uns steht rechts eine Baumgruppe, die Wüstung Ankerode, die wir besichtigen. *Hinter dem steinernen Kreuz fanden Rosi und Heide die Leiche von Josefine von Düngen.* Wegstrecke bis hier: 1,4 km.
- Nach 2,3 km gabelt sich der Weg. Wir gehen geradeaus, am Sportplatz vorbei, dann eine Anhöhe hinauf.
- Zwei Bäume und eine Sitzbank laden uns ein zum Rückwärtsschauen und Rasten: ein wundervoller Ausblick nach Hilkerode, zu den Schornsteinen von Rhumspringe, nach Rüdershausen. In der Ferne entdecken wir das Zementwerk Gillersheim. Wegstrecke bis hier: 3,5 km.
- Auf diesem mit einem Hasen gekennzeichneten Weg wandern wir weiter. Nach einer kleinen Anhöhe haben wir eine gute Sicht gen Osten bis ins Ohmgebirge.
- Der Weg führt vorbei an einer Baumschule bis zum Wald. Wir gehen an der ersten Bank vorbei bergab.
- Unten angekommen, nach 4,4 km, verlassen wir den Hasenweg und biegen an der zweiten Bank nach links in den Waldweg ab.
- (Wer die **Abkürzung** nehmen möchte, geht den geteerten Weg weiter bergauf und bergab bis zum alten Bahndamm, dort links am Damm entlang, dann wieder rechts bis zum Startpunkt.)
- Wir aber wandern in den Wald hinein. Hier ist es angenehm schattig. Der Wald duftet nach Erde. Spechte trommeln ihre Botschaft lautstark durchs Geäst.

- Nach einer Wegstrecke von 5,2 km erreichen wir die älteste Eiche im Rotenberg. Ihr straffer Wuchs, die starke Borke und der gigantische Stammumfang lassen uns ehrfürchtig staunen. Wie viele Jahrhunderte mag sie hier stehen und wie viele Tiere haben bei ihr Wohnung und Zuflucht gefunden?
- Der Weg trifft schon bald auf einen anderen, dem wir rechts gehend folgen. Er führt uns an zwei Fischteichen (mit darauf schwimmenden Nilgänsen und Stockenten) vorbei. Entlang eines mäandrierenden Baches, der gluckernd unten im Tal fließt, wandern wir weiter, vorbei an Waldlichtungen und Wiesen. Ein Roter Milan ruft über uns und zieht seine Kreise. Er hat hier im Rotenberg irgendwo versteckt in einem Baumwipfel seinen Horst.
- Nach 7,2 km kommen wir zu einem eigenartig gewachsenen Kastanienbaum an einer Wegkreuzung. Würden wir links abbiegen, kämen wir zum Jugendwaldlager. Wir wenden uns aber nach rechts, gehen aus dem Wald heraus und kommen nach 7,8 km zu unserem Startpunkt zurück.

2. Wanderung zur Jagdhütte und zum Waldjugendlager

- Cache Position: 51° 34.224
                 10° 20.952
- Länge: 7,4 km, geschotterter Waldweg
- Besonderes: meist schattig, gut bei Hitze oder
                 im Frühjahr/Herbst zu gehen;
                 wenig Steigung, auch bei feuchter
                 Witterung begehbar

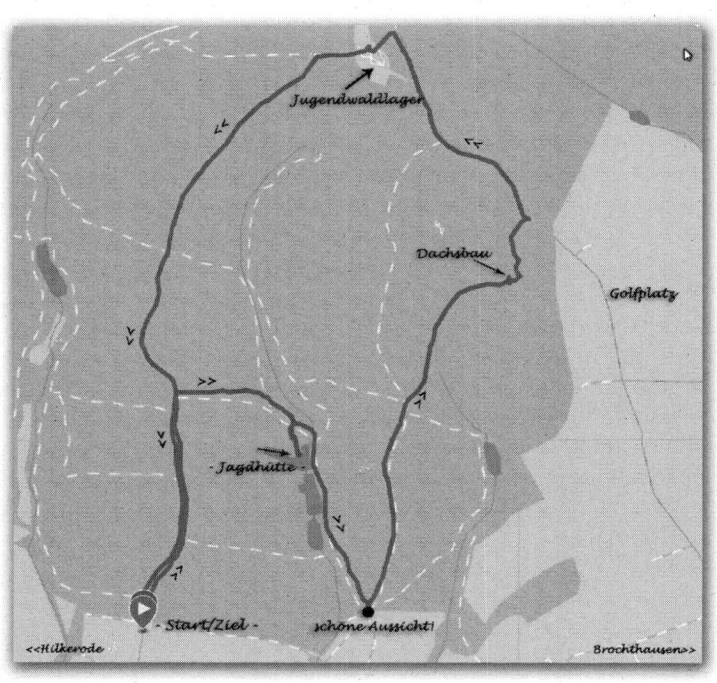

Anfahrt:

Auf der Landstraße zwischen den Orten Hilkerode und Brochthausen biegen wir von Brochthausen kommend ungefähr auf halber Strecke rechts in den gepflasterten Weg ab, fahren über die Ellerbach-Brücke (siehe **1.Wanderung**) und weiter bis oben vor den Wald. Hier starten wir unsere Tour, die uns an der Jagdhütte und dem Waldjugendlager Rotenberg vorbeiführt.

– Links am Weg werden wir von einer dicken knorrigen Eiche im Wald willkommen geheißen. Seit ein paar hundert Jahren hat sie diesen Dienst inne und trotzt Wind und Wetter in saftigem Laub.

– Auf dem geschotterten breiten Weg, *den auch Jan-Hendrik Huber auf dem Weg ins Lager täglich benutzt hat*, wandern wir in den artenreichen Wald hinein. Buchen, Eichen, Birken, Kirschbäume, dazwischen vereinzelt Fichten und Eschen, wieder der skurril gewachsene Kastanienbaum, den wir schon auf der 1. Wanderung gesehen haben. Das Gezwitscher der Vögel nimmt uns gefangen und lässt uns abschalten vom Alltag.

– Nach 840 m Wegstrecke biegen wir rechts ab. Im Frühling ist der Waldboden hier mit Buschwindröschen und blau blühendem Immergrün bewachsen. Zwischen zwei ehrwürdigen Weißtannen entdecken wir links den Gedenkstein für einen Waldarbeiter, der hier ums Leben kam. Der Weg von links kommend verschmilzt mit unserem und nennt sich nun ›Hüttenweg‹. Auf dem Grasweg, der nach rechts führt, kommt man zu dem Wohnwagen für die Waldarbeiter und Resten einer alten Jagdhütte. Wir gehen jedoch geradeaus weiter.

- Den nächsten Wiesenweg, ungefähr 150 m weiter auf der rechten Seite, nehmen wir, um einen Abstecher zur Jagdhütte und dem Teich zu machen. *Ein wichtiger Ort im Fall ›von Düngen‹.* Am Weg, ein wenig rechts abseits, begrüßt uns ein Baumgeist mit schwulstiger Frisur und schlitzförmigen, weißen Augen. Ihm sollte man unbedingt besondere Aufmerksamkeit schenken.
- Auch wenn wir noch nicht weit gewandert sind, lohnt es sich, an der Hütte auf einer Bank mit Blick auf den Teich die Ruhe zu genießen. Wenn der Wasserstand niedrig ist, kann man hier wunderschöne Teichmuscheln finden. Danach gehen wir bis zum Hauptweg zurück, wandern weiter, vorbei an einer jahrhundertealten Fichte linker Hand. Der Weg führt uns hinter der Rechtskurve an insgesamt drei Teichen entlang, in denen bei sonnigem Wetter die Karpfen springen. Im Frühsommer blühen Ginstersträucher in leuchtendem Gelb am Wegrand.
- Nach 2,18 km Wegstrecke machen wir einen kleinen Abstecher rechts aus dem Wald heraus und genießen den schönen Blick auf hügelige Berge jenseits des Ellertales.
- Der Hauptweg, dem wir danach weiter folgen, ist nun mit einem Holzschild als ›Kratzfeldstraße‹ ausgewiesen. Hierauf bleiben wir und biegen erst nach 3 km Wegstrecke wieder rechts ab. Auf der rechten Seite hat sich der Bach, der fast ausgetrocknet ist, tief in den Boden eingegraben und eine Schlucht gebildet.
- Es geht leicht bergab, wir überqueren den Bach und gehen danach bergauf weiter. Oben auf der Höhe entdecken wir links vom Weg einen riesigen Dachsbau mit mehreren Eingängen und Röhren, die tief hineingegraben sind ins lehmig sandige Erdreich. Ein Untertagebau.

- Der Weg stößt nach 4 km Wegstrecke auf den Eulenweg, der auch mit dem Mainzer Rad als Eichsfelder Wanderweg gekennzeichnet ist. Rechts aus dem Wald heraus erreicht man von hier den Golfplatz und das Rotenberger Haus. Wir wenden uns nach links und kommen nach 800 m zum Waldpädagogikzentrum WPZ Rotenberg auf der linken Seite.
- Hier machen wir Rast, erkunden das Hüttendorf, *in dem Thomas Stakenbrück mit seinen Schülern leider nur drei angenehme Tage erlebt hat.*
- Nach einer Stärkung verlassen wir diesen wunderschönen Platz, gehen an der Hütte ›Dachsbau‹, der Köhlerhütte und der Lagerfeuerstelle vorbei die Straße hinunter. An der Wegkreuzung biegen wir links ab.
- Am Weg links entdecken wir nach kurzer Zeit zwei große Mammutbäume an einer Abzweigung, die wir aber nicht nehmen. Wir bleiben auf dem Hauptweg, der uns in leichtem Bergauf und Bergab zurück zu unserem Startpunkt bringt. Gekennzeichnet ist dieser ›Rühenbleekweg‹ mit einem roten Dreieck und der Nr. 1.
- Nach 6,6 km Wegstrecke schließt sich der Kreis. Wir kommen an dem Kastanienbaum vorbei und haben schon den Blick hinaus aus dem Wald.
- 7,4 km haben wir zurückgelegt. Ein Abschiedsgruß an der Eiche, noch einmal den Ausblick genießen und dann wieder eintauchen in den Alltag.

3. Wanderung von der Nordseite des Rotenbergs ins Pöhlder Becken zum Beberteich (auf den Spuren von Hermann Löns)

- Cache Position: 51° 36.398
  10° 24.514
- Länge: 13,5 km
- Besonderes: meist geteerter oder betonierter Weg, an wenigen Stellen geschottert; auch bei feuchtem Wetter gut begehbar; viele sonnige, wenig schattige Wege; hügelig, bei guter Kondition auch mit dem Rad befahrbar, keine Einkehr-möglichkeit

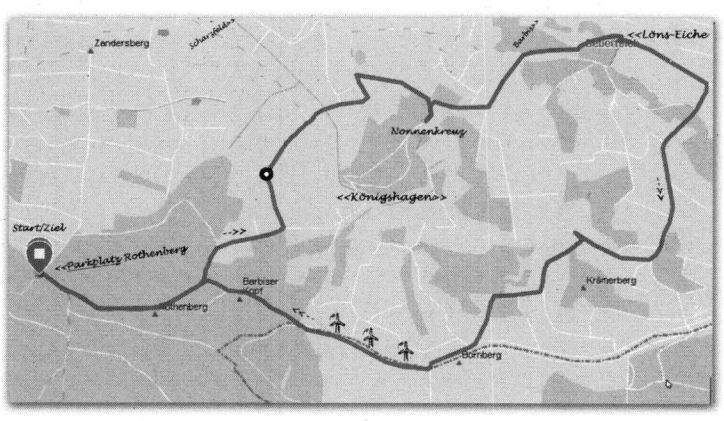

Anfahrt:

Von Duderstadt kommend fahren wir die Landstraße nach Rhumspringe. Vor Pöhlde biegen wir in der scharfen Kurve (hinter dem schmucken Anwesen) rechts die kleine Straße hinauf. Sie führt uns, an zwei Windrädern vorbei, zum Rotenberger Waldrand. Auf der rechten Seite parken wir auf dem ausgewiesenen Parkplatz. Von hier aus laden mehrere Wege zum Wandern ein. Bevor wir starten, werfen wir einen Blick gen Norden. Die Gipfel des Harzes sind bei klarer Sicht als vulkanische Berge gut zu erkennen.

- Wir folgen dem Eichsfelder Weg mit dem Mainzer Rad und dem roten Dreieck Nr. 1 und gehen ungefähr 200 m geradeaus,
- biegen dann links auf den Weg mit dem grünen Punkt ›12 S‹ Richtung Beberteich, Lönseiche. Der Hallenwald mit mächtigen Buchen- und Ahornkronen über unseren Köpfen lässt uns durchatmen. Nach 1,27 km halten wir uns links. Auf dem Weg, der von rechts kommt, werden wir zurückkehren.
- Alsbald kommen wir an den Waldrand, haben einen guten Blick auf den Harz mit dem ›Großen Knollen‹. Am Hochsitz biegen wir rechts ab, laufen geradeaus auf den Turm vom Ravensberg zu.
- Nach 2 gelaufenen Kilometern biegen wir links ab. Noch immer sind wir auf dem Weg mit dem grünen Punkt. In der Ferne schauen wir auf den riesigen Dolomit-Steinbruch von Scharzfeld. Die Straße geht bergab, führt uns zwischen den Höfen Dobberkau und Königshagen (Nr. 4) hindurch. Sie scheinen in den 1960/70er Jahren gebaut worden zu sein. Dass wir hier nicht im Allgäu, wie die anmutig hügelige Umgebung mit Wiesen und Weiden vermuten lässt, sondern in der Mitte Deutschlands unterwegs sind, ist am Baustil unmissverständlich zu erkennen.
- Unten im Tal überqueren wir eine Kreuzung, kommen wieder an zwei Höfen vorbei, die eingebettet zwischen Wiesen und Feldern liegen. Die Teerstraße windet sich in mehreren Kurven hinauf auf eine Anhöhe. Schaut man von oben zurück gen Westen, hat man einen herrlichen Blick auf das Herzberger Schloss.

Weiter südlich schlängelt sich der bewaldete Rotenberg wie ein Wurm am Horizont entlang Richtung Wulften.

– Wir erreichen nach 4,1 km Wegstrecke eine Baumgruppe auf der linken Seite. Ein Schild weist zum ›Nonnenkreuz‹, dass man in 200 m rechts den Weg hinunter bestaunen kann. Wir machen diesen Abstecher, finden das Steinkreuz, dessen Jahreszahl A.D. 1632 von dem Heide-Dichter Hermann Löns entziffert wurde. Eine Infotafel erklärt den geschichtlichen und sagenumwobenen Hintergrund: Auf ihrem Weg von Pöhlde nach Königshagen wurde eine Ordensfrau an dieser Stelle von einem Blitz tödlich getroffen.

– Wir gehen den Weg zurück. Oben rechts folgen wir weiter der Straße und dem Hinweis ›zum Beberteich‹. Nach einiger Zeit erreichen wir linker Hand die Schaffarm ›Am Schafstall‹. Rechts von uns glitzert Wasser. Wir biegen die Straße rechts ab. Von dort kommt man zur Hütte vom Beberteich, der, idyllisch gelegen, den Wanderer zum Innehalten einlädt. Eine Tafel informiert uns darüber, dass wir auch hier auf den Spuren von Herman Löns wandern. 6,1 km sind geschafft. Zeit, um zu rasten und die springenden Fische zu beobachten.

– Gut gestärkt setzen wir den Weg nach rechts fort. Schafherden grasen auf den Wiesen. Wir genießen den Harzblick, entdecken den Bismarckturm von Bad Lauterberg, links unten die Häuser von Barbis, vor uns im Tal Bartolfelde.

– Wir stoßen auf den Weg mit dem grünen Dreieck (12 R), der von Bartolfelde hochkommt. Diesem Königshagener Weg folgen wir rechts in südlicher Richtung, treffen auf Füchse und Hasen, die sich scheinbar hier gute Nacht sagen, kommen an einem kleinen Teich, der sich ›Alter Teich‹ nennt, vorbei. Eine wunderbar hügelige Gegend, in der man an der nächsten Ecke das Läuten von Kuhglocken oder eine Almwirtschaft erwartet. Ein wenig enttäuscht stoßen wir auf eine nicht so ansehnliche Stallung. Hinter einer Wand aus aufgestapelten Heuballen aber spielen, ohne Furcht vor uns, drei kleine Fuchskinder. Sogleich sind wir wieder versöhnt.

- Ein Stück weiter, an der Birke auf der linken Seite, biegen wir ab. Der Weg führt bergan. 9 km Wegstrecke liegen hinter uns. Vor uns drehen sich drei Windräder. Wir gehen auf sie zu. Der Weg ist oben geschottert. Wir sind in der Nähe der alten Grenze zur ehemaligen DDR.

- Auf der Höhe lädt rechts eine Sitzgruppe zum Pausieren ein. Wir gehen links an den Windrädern vorbei, überqueren den alten Todesstreifen und treffen auf den zweispurigen Betongrenzweg. Auch hier steht eine Hütte zum Rasten. Vor uns liegen nun die Berge vom Ohmgebirge, im Süden der kleine Rotenberg in Thüringen, die Zwei Gleichen bei Göttingen. Im Tal vor uns: Brochthausen, rechts unten der Rasen vom Golfplatz mit dem Rotenberger Haus. Wir folgen dem Betonweg rechts bis zum Wald.

- Auf 100 m Schotterweg passieren wir die Grenze von Thüringen nach Niedersachsen halb rechts und gehen dann, wieder auf geteerter Straße, bis zur Forsthütte am Barbiser Kopf. Auch hier lädt eine Sitzgruppe zum Rasten ein.

- Schon bald stoßen wir auf den Weg mit dem grünen Punkt. Hier schließt sich der Kreis unserer Wanderung. Wir gehen links, treffen auf die Abzweigung zum Jugendwaldlager, gehen rechts und kommen bald aus dem Wald heraus zu unserem Parkplatz. 13,5 km, aussichts- und abwechslungsreiche Gehstrecke liegen hinter uns.

4. Wanderung im westlichen Teil des Rotenbergs bei Gieboldehausen

- Cache Position: 51°37.860
  10°12.511
- Länge: 6,5 km
- Besonderes: Teerstraße, Schotterwege, Waldwege; wetterfestes Schuhwerk bei feuchtem Wetter empfehlenswert; Fernglas, um die Aussicht zu genießen

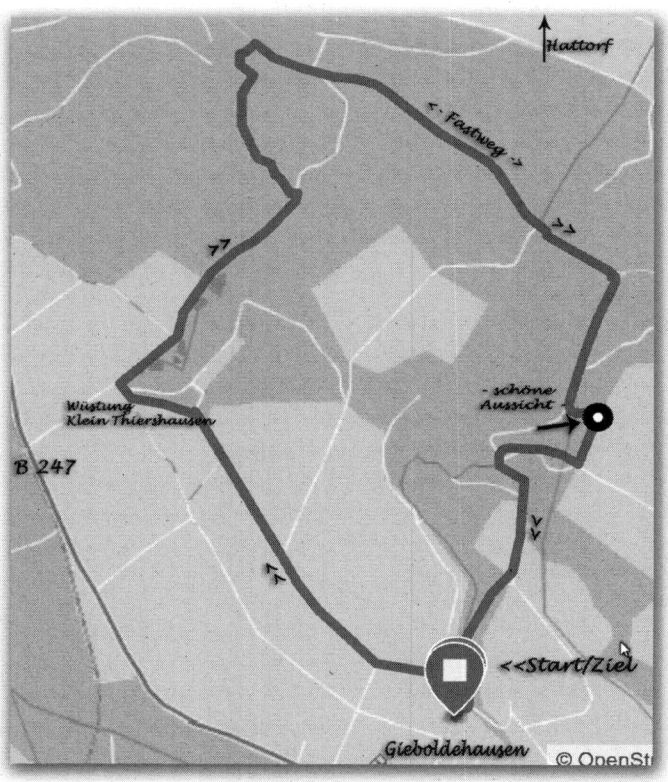

<u>Anfahrt:</u>
Heute haben wir uns mit Herrn Strüber aus Bilshausen verabredet. Er will uns ein Stück vom westlichen Teil des Rotenberges zeigen und hat eine abwechslungsreiche Route von 6,5 km Länge vorgeschlagen. Feste Schuhe inbegriffen. Wir sind gespannt, kommen aus Duderstadt und fahren auf der B 27 die Umgehung Gieboldehausen Richtung Herzberg. An der Kreuzung zur B 243, die nach Bilshausen führt, fahren wir vorbei, biegen die erste kleine Gasse links ab. (Sie ist schlecht zu sehen, aber rechts geht es über die Rhumebrücke zum Ortskern von Gieboldehausen. Daran kann man sich gut orientieren.) Wir folgen der schmalen Straße und parken den Wagen vor dem ›Durchfahrt-verboten-Schild‹ und dem Hinweis auf den Grillplatz.

– Auf dem geteerten Weg (Eichsfelder Wanderweg Nr. 6) gehen wir geradeaus, bestaunen auf der rechten Seite die stattlichen Eichen hinter der Weide. Nach der Linkskurve geht's eine Anhöhe hinauf. Wir kreuzen einen Weg, kommen bald zu einem Aussichtspunkt mit großem Wegkreuz. Bänke laden ein, innezuhalten, den Blick schweifen zu lassen:
In der Ferne entdecken wir im Westen die Kathlenburg, das leuchtend helle Betonwerk von Gillersheim, die Schornsteine vom Ziegelwerk Bilshausen. Vor uns im Tal: die Rhumeaue. Die wolkig belaubten Weidenbäume zeigen den Verlauf des Flusses, der sich durch Wiesen und Ackerflächen schlängelt. Hier wurden durch das Land Niedersachsen Altarme der Rhume renaturiert, ein Eldorado für seltene Vogelarten. Gen Süden kann man bis zum Höherberg, und weiter bis nach Thüringen zum ›Rotenberg‹, dem kleinen Bruder unseres Rotenberges, hinüberschauen. Auf seiner Höhe drehen sich die Windräder. Östlich davon

erhebt sich am Horizont das Ohmgebirge, nordöstlich davon die Berge des Harzes.

– Wir gehen unter der Stromtrasse hindurch nun bergab und erreichen nach insgesamt 1,7 km die Wüstung ›Klein Thiershausen‹. In dem kleinen Wäldchen links gibt uns eine Nachtigall ein kostenloses, perlend-melodisches Konzert.

– Unser Weg Nr. 6 biegt rechts ab, ist nun geschottert. Wir folgen ihm. Birken säumen den Weg. Der Angel-sportverein Gieboldehausen weist mit einem hölzer-nen Schild auf sein Domizil hin. Idyllisch gelegen, passieren wir mehrere Teiche, die sich laut Karte wie Perlen einer Kette aneinanderreihen. Am letzten Teich vor dem Wald bleibe ich stehen. *Dort drüben am Hang hat sich Adalbert von Düngen an einer Buche das Leben genommen.* Doch wir wollen uns heute nicht dem Tod, sondern dem blühenden Leben in der Natur widmen und wandern am Teich vorbei in den Wald hinein.

– Der Buchenwald ist angenehm kühl, rechts neben uns im Graben gluckert der Süttenbach, der die Teiche speist.

– Nach 2,5 km vom Startpunkt, führt der Weg in eine Senke hinunter. Unten kreuzen sich mehrere Wege. Wir gehen links über eine Furt, verlassen Weg Nr. 6 und nehmen den linken Grasweg, entlang einer tiefen Schlucht auf der rechten Seite. Der Weg ist von Wild-schweinen auf Bucheckernsuche zerwühlt. Wir müs-sen über abgebrochene Zweige und Stämme klettern. Zweimal queren wir über einen aufgeschütteten Damm einen Taleinschnitt. Hügel an Hügel reihen sich aneinander, dazwischen tief ausgewaschene Täler. Ein verwunschener, geheimnisvoller Ort, fern jeder Zivilisation. Ein Schwarzspecht ruft, fliegt zwischen den Baumwipfeln geschickt vor uns zu seiner Höhle, klopft.

- Nach etwa 200 Metern verliert sich der Weg. Wir schauen nach vorn. Wo geht es weiter? Ungefähr 100 Meter vor uns auf der Höhe scheint eine Lichtung oder ein Querweg zu laufen. Wir halten uns halb rechts und gehen zwischen den alten Buchen hinauf.

- Tatsächlich erreichen wir oben den Fastweg, eine uralte Heerstraße zwischen Northeim und Pöhlde. Gekennzeichnet ist er mit der Nr. 5 und passend mit einem Wildschwein. 3,4 km liegen hinter uns. Wir gehen auf dem breiten Weg rechts entlang.

- Eine überdachte Sitzgruppe lädt nach 4,7 km Wegstrecke zum Pausieren ein. Links entdecken wir eine Tafel, die von der Geschichte des Fastweges berichtet.

- Der Wegweiser nach Gieboldehausen zeigt nach links. Wir biegen jedoch rechts ab auf den Eichhörnchenweg mit den Nummern 5/7/8. Bald kommen wir an eine Lichtung mit gerodeten Bäumen. Hier wurden kleine Fichten angepflanzt, deren Nadeln allesamt gelb sind. Die Trockenheit macht es gerade den Baumkindern schwer, Wurzeln zu fassen. Wir durchqueren die Anpflanzung.

- Nach links führt uns ein Wegweiser auf Weg Nr. 3 zur ›schönen Aussicht‹, die wir nach insgesamt 5,3 km erreichen. Die geschmackvoll gestaltete offene Hütte lädt zum Rasten ein. Der Blick ist überwältigend. Wir erkennen den Verlauf des Rotenberges vom Osten her, vorgelagert das Rhumetal mit den Orten Lütgenrode, Rüdershausen, Rhumspringe. Dahinter die Harzer Berge.

- Nach einer Pause laufen wir rechts den Wiesenweg am Feld hinunter bis zu einer Bank. Dort biegen wir rechts wieder in den Wald. Schon nach wenigen Metern bestaunen wir linker Hand den ersten

Kopfhainbuchen-Quadratverband, eine alte Nutzungsform der Menschen im 18. und 19. Jahrhundert. Die Gieboldehäuser Bürger nutzten sie für Brennholz, das damals durch den Bergbau im Harz Mangelware war.

- Am nächsten Querweg biegen wir links ab, folgen dem Weg und später dem Hinweis: ›Rundweg 1 nach links‹. Neben uns verläuft eine tief eingegrabene Schlucht. Nach gelaufenen 6 km erreichen wir den Waldrand. Rechts von uns steht die nächste schmucke Hütte mit dem Namen ›Am Backofen‹. Wir gehen geradeaus weiter bis zu dem kleinen Wäldchen ›Hopfenberg‹.

- Vor dem Wald rechts, an dem ›Reiten-verboten-Schild‹, führt ein kleiner Pfad hinein in den von tiefen Schluchten durchzogenen Wald mit knorrig wachsenden Kopfhainbuchen, die auf kahlem, sandigen Lehmboden wachsen. In jedem der Baumstämme erkennen wir Gesichter. Von kauzig-lustig bis bedrohlich stehen die Baumgeister auf alten Terrassen. Dazwischen uralte Triften. Wir fühlen uns versetzt in eine andere Welt voll magischer Wesen. Ein prima Drehort für Science-Fiction-Filme.

- Wir erreichen den Grillplatz und ahnen, dass man hier in gemütlicher Runde mit Musik und Tanz gut zu feiern weiß. Der Weg führt uns hinaus aus dem Wald, direkt auf unseren Startpunkt zu. Obwohl es nur 6,5 km Wegstrecke waren, haben wir eine Menge Neues, Interessantes entdeckt und gesehen.

Aussichtsreiche Fahrrad-Schnüffel-Tour von Duderstadt (Assisi-Kapelle / Ellerradweg)

Cache Positionen:	51°32.587 51°32.387 51°31.582
	10°18.803 10°21.468 10°15.501
Länge:	24,7 km
Besonderes:	geteerte Radwege, manchmal 2-spurige Betonfahrstreifen, wenig Schotterwege; eben bis hügelig, teilweise stärkere Steigung; wundervolle Aussichten bei klarem Wetter; auch nach Regen gut befahrbar

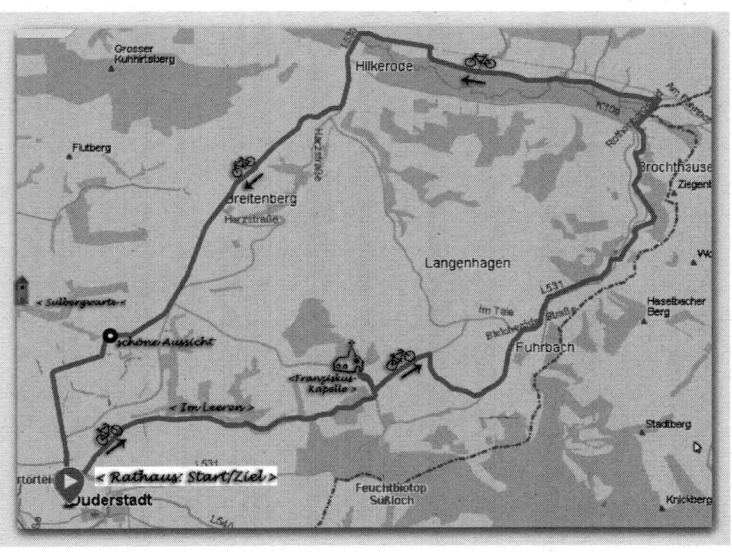

Start/Ziel:

Wir starten unsere Radtour am Duderstädter Rathaus, einem der ältesten und schönsten Deutschlands.

- Von hier fahren wir geradeaus auf die Jüdenstraße, am Postamt und der Klosterkirche der Ursulinen vorbei bis zum Kreisel. Dort biegen wir rechts ab auf den Ebertring.
- An der nächsten Abzweigung fahren wir links in die Leerensche Rinne. Dieser Straße folgen wir. Sie führt uns aus Duderstadt hinaus.
- Der betonierte Weg verläuft eben durch Felder und Wiesen. (Wer mag, kann am zweiten Weg nach links einen Abstecher zur Leeren Quelle machen. Ein idyllisch gelegener Teich mit Bank und Holztafel. Hier hat einmal das Dorf Lerne gestanden.)
- Wir fahren die Betonstraße weiter geradeaus. 'Bäume des Jahres' von 1989 bis zum Jahr 2018 säumen den Weg (von Schülern der St.-Ursula-Schule gepflanzt). Schilder mit QR-Codes geben Auskunft über die jeweilige Baumart.
- Hinter der Brücke geht der Weg in einen 2-spurigen Betonfahrstreifen über. Holztafeln weisen auf eine alte Waldnutzung hin, den Mittelwald.
- Vor dem Anstieg zum Gut Herbigshagen entdecken wir den 1. 'Hotspot der Vielfalt/Bach'. Wir schieben die Anhöhe zur Sielmann-Stiftung hinauf.
- Nach 4,4 km Wegstrecke stehen wir am Eingang zur Sielmann-Stiftung. Hier besteht die Möglichkeit, den Hof und die Ausstellung zu besichtigen oder im 'Café GUT(e)Auszeit' eine Pause einzulegen.
- Danach folgen wir der Teerstraße weiter bergan und gelangen an die Landstraße. Wir biegen nach links. Von hier aus machen wir einen Abstecher zur Assisi-Kapelle, also geradeaus Richtung Tettelwarte, dann die nächste Einfahrt auf den Parkplatz links. Der durch seine Tierfilme bekannte Heinz Sielmann und seine Frau Inge haben hier ihre letzte Ruhestätte gefunden. Das Ehepaar liebte den 360°-Rundumblick,

der wirklich beeindruckend ist und sowohl Touristen als auch Einheimische anlockt.

- Nach kurzer Rast fahren wir das Stück bis zur Abzweigung zurück und biegen links in die Straße nach Langenhagen. Vor dem Strommasten an der Bank führt uns rechts der geteerte 'Hasen-Wanderweg' hinunter ins Dorf Fuhrbach. Unten angekommen fahren wir auf der Hauptstraße weiter durchs Dorf Richtung Brochthausen.

- Am Dorfausgang nehmen wir den Radweg, fahren vorbei am Paterhof bis zur scharfen Rechtskurve mit der Brücke. *(Achtung! Kommissar Schneider hat sich hier den Fuß verstaucht.)*

- Hinter der Brücke führt der Weg nach links zwischen Wiesen und Feldern bis ins Dorf. Vor dem Gasthaus 'Zur Erholung' fahren wir rechts ab, nicht bis zur Hauptstraße (siehe Rad-Wegweiser)! Der Weg ist zuerst geschottert und führt dann geteert als 'Panzerweg' hinter den Gärten entlang am einladend gestalteten Kinderbrunnen mit Sitzgelegenheit vorbei.

- An der Straße biegen wir rechts, dann links auf die Deichstraße und radeln bis zum Landgasthof 'Zur Endstation'.

- Wir überqueren die Straße nach Zwinge und fahren rechts auf dem Radweg weiter. In der scharfen Kurve biegen wir nach insgesamt 12,7 km links auf den Ellerradweg, der uns, an Ankerode vorbei, nach Hilkerode bringt. Eine wunderbar leicht zu fahrende ebene Fahrradstraße durch die Elleraue mit ihren Feldern und Wiesen, auf denen im Frühsommer oftmals Störche und andere Großvögel zu beobachten sind.

- In Hilkerode angekommen bleiben wir bis zum Ortsausgang auf der Hauptstraße Richtung Duderstadt. Am Ortsende, an der Bushaltestelle 'Am tiefen Tal' nehmen wir den zweispurigen Weg, der unter den

Bäumen den Berg hinaufführt. Uns geht die Puste aus. Wir schieben. Je höher wir kommen, umso mehr lohnt es sich, rückwärts gen Norden zu schauen. Eine herrliche Aussicht auf den bewaldeten Rotenberg und die Berge des Harzes, die sich majestätisch dahinter erheben.

- Der betonierte Weg geht in einen Schotterweg über und bringt uns alsbald zum Dorf Breitenberg. Wir folgen der 'Langen Straße' und fahren dann geradeaus auf die 'Breitenberger Straße', die uns, an der Dorfmitte und der Windmühle vorbei, aus dem Ort herausführt.

- Es geht bergab! Wir biegen auf den geteerten Radweg und fahren Richtung Duderstadt wieder leicht bergan weiter.

- Am Ende des Weges fahren wir rechts, vorbei an einer Biogasanlage (Wegkennzeichnung: Wildschwein).

- Dahinter führt der Weg nach links. Herrliche Aussicht gen Süden, Osten und Westen. Wir versuchen die Dörfer, die eingebettet zwischen Wiesen, Wald und Feldern liegen, zu benennen. Nach 100 m biegen wir rechts gen Westen auf den, mit einer Baumreihe markierten, geschotterten Weg. Wir wollen noch ein wenig die Aussicht genießen und nicht unten an der Bundesstraße entlangfahren. Die Sulbergwarte mit ihrer roten Haube steht trutzig ungefähr einen Kilometer weit vor uns.

- 23 km liegen hinter uns. Wir nehmen den Weg nach links, halten an der Bank, um zu rasten. 'Blick auf Mingeröder Knick' steht auf dem Schild. Geschichtsträchtiger Boden.

- Vor uns liegt Duderstadt, umgeben von fruchtbaren Feldern und Wiesen. Der Westerturm, die Kirchen von St. Servatius und St. Cyriakus stehen wie Lichtpunkte inmitten von schmucken Fachwerkhäusern, die in einem Oval vom Grün der Wallanlagen umrahmt werden. Darum herum schmiegen sich die neuen Wohnviertel.

– Schweren Herzens fahren wir weiter, steil bergab, um wieder ins Diesseits einzutauchen. Am Ortseingang treffen wir auf die Herzberger Straße, fahren an *Kommissar Schneiders Arbeitsplatz, dem Polizeikommissariat Duderstadt*, vorbei, nehmen am Kreisel die zweite Ausfahrt ins Neutor und fahren geradeaus über die Jüdenstraße zu unserem Startpunkt, dem Rathaus.

Einige Impressionen

Die Franz-von-Assisi-Kapelle gehört zum Gut Herbigshagen.
Sie dient u.a. als letzte Ruhestätte des Naturfilmers
Heinz Sielmann und seiner Frau Inge.

Das Kreuz weist auf die
Wüstung Ankerode.

Kopfhainbuchen – oder sind es
erstarrte Baumgeister?

Waldpädagogikzentrum WPZ Rotenberg

Was ich unbedingt noch loswerden muss!

Ein herzliches Dankeschön an meinen Mann Karl-Josef, der mit ganz viel Liebe und Geduld meine Arbeit unterstützt und bereichert. Fotos, Karten, die Wanderrouten samt GPS-Daten in diesem Buch wären ohne ihn nicht möglich gewesen.

Ein weiterer Dank gilt meiner Autorenfreundin Melanie Buhl. Ihr ‚Daumen hoch‘ als Probeleserin hat mich überzeugt, dass die Geschichte um Kommissar Schneider in die Welt hinaus muss.

Last but not least danke ich Helmut und Sascha Exner für die Aufnahme in die ‚Harzkrimi‘-Autorenriege.

Über die Autorin

In Kitas und Schulen ist Barbara Merten als Kinderbuchautorin bekannt. Seit vielen Jahren tingelt sie durch diese Einrichtungen mit ihrem Erzähltheater und liest aus ihren Büchern vor. Aber auch Kurzgeschichten, -krimis und Gedichte für Erwachsene in diversen Anthologien sind aus ihrer Feder entstanden und veröffentlicht. Sie ist Mitglied der ‚Creativo‘, einer Gemeinschaft von AutorInnen, die sich den Themen rund ums Buch, ums Lesen und Schreiben verpflichtet fühlen. Mit ‚Mordsmäßig unterwegs‘ gibt sie ihren Einstand im Duderstädter EPV-Verlag.

Barbara Merten ist erreichbar unter:

E-Mail: BarbaraMerten@gmx.net
Web: www.harzkrimis.de

Eine kleine Bitte

Wenn es mir gelungen ist, Sie wenigstens für ein paar Stunden aus dem Alltag zu entführen, dann habe ich mein Ziel erreicht. Für eine(n) Autor(in) gibt es keine schönere Bestätigung als LeserInnen, die mit einem Lächeln das Buch zuklappen oder den Reader ausstellen. Natürlich würde es mich freuen, wenn Sie dieses Buch weiterempfehlen oder sogar die Zeit für eine kurze Rezension finden. Herzlichen Dank!

Ansonsten habe ich für Fragen, Anregungen oder Rückmeldungen rund um meine Bücher stets ein offenes Ohr. Am besten bin ich über Facebook oder die Harzkrimi-Website erreichbar. Hier finden Sie u.a. das gesamte Buchprogramm, Veranstaltungstermine, YouTube-Videos, Neuigkeiten und vieles mehr.

Vielleicht lernen wir uns ja auch auf einer Lesung kennen. Meine AutorenkollegInnen und ich würden uns freuen.

Viele Grüße

Barbara Merten